한자능력검정시험
기출 · 예상문제집

한자능력검정시험
기출 · 예상문제집 4급Ⅱ

발 행 일 | 2023년 3월 10일
발 행 인 | 한국어문한자연구회
발 행 처 | 한국어문교육연구회
주   소 | 서울시 마포구 독막로52, 207호
          (합정동, 엘림오피스텔)
전   화 | 02)332-1275, 1276
팩   스 | 02)332-1274
등록번호 | 제313-2009-192호
I S B N | 979-11-91238-48-8 13700

정가 14,000원

공|급|처   T. 02-332-1275, 1276 | F. 02-332-1274
푸른하늘   www.skymiru.co.kr

교육급수
필수교재

한자능력
검정시험

기출·예상문제집
한국어문회가 직접 발간한 문제집

5급 II

머리말

우리의 글은 70% 이상이 한자로 이루어져 있다. 비록 우리말이 소리로 표시 되다고 하더라도, 결국 그 표시의 근본이 한자였기 때문에 한글이 만들어지기 전까지는 우리의 모든 역사와 생활이 한자로 기록되었고, 한글 창제이후에도 대부분의 기록은 한자로 이루어졌다.
따라서 우리의 학문, 역사, 민속 등 모든 문화유산은 한자를 모르고는 정확히 이해할 수 없으며, 무엇보다 지금 당장의 생활과 공부를 위해서도 한자가 필 요한 것이다.

그 동안 어문교육에 대한 이견으로 한자 교육의 방향성이 중심을 잡지 못하 고 표류하였으나 아무리 한글전용이 기본이고 어려운 한자어를 우리말로 바 꾸는 작업을 꾸준히 한다 하더라도 눈앞에 문장을 이해하지 못하고 어쩔 수 없이 사교육의 영역에서 한자를 공부하는 현실을 부인할 수 없는 것이다. 공 교육의 영역에서 충실한 한자교육이 이루어지지 못하는 지금의 상황에서는 한자학습의 주요한 동기부여수단의 하나인 동시에 학습결과도 확인해볼 수 있는 한자능력검정시험의 역할이 더욱 중요하기 때문에, 우선적으로 시험을 위한 문제집으로서 이 책을 출간하게 되었다. 한자공부가 어렵게만 느껴지는 분들에게 이 책이 충분히 도움이 될 것으로 믿으며, 한자학습을 지도하는 부 모님들이나 선생님들의 부담도 덜어줄 것이라고 감히 추천하는 바이다.

이 책의 구성

• **출제유형 및 합격기준**
• **출제유형분석** – 학습이나 지도의 가이드라인을 제시
• **배정한자 및 사자성어 수록**
• **반대자, 반대어**
• **유의자, 유의어**
• **약자**
• **예상문제** – 기출문제분석에 의한 배정한자의 문제화
• **실제시험답안지** – 회별로 구성
• **최근 기출문제 8회분 수록**

이 책이 여러분들의 한자실력향상에 도움이 되기를 바란다.

편저자 씀

한자능력시험 급수별 출제유형

구 분	특급	특급II	1급	2급	3급	3급II	4급	4급II	5급	5급II	6급	6급II	7급	7급II	8급
읽기 배정 한자	5,978	4,918	3,500	2,355	1,817	1,500	1,000	750	500	400	300	225	150	100	50
쓰기 배정 한자	3,500	2,355	2,005	1,817	1,000	750	500	400	300	225	150	50	0	0	0
독 음	45	45	50	45	45	45	32	35	35	35	33	32	32	22	24
한자 쓰기	40	40	40	30	30	30	20	20	20	20	20	10	0	0	0
훈 음	27	27	32	27	27	27	22	22	23	23	22	29	30	30	24
완성형[성어]	10	10	15	10	10	10	5	5	4	4	3	2	2	2	0
반의어	10	10	10	10	10	10	3	3	3	3	3	2	2	2	0
뜻풀이	5	5	10	5	5	5	3	3	3	3	2	2	2	2	0
동음이의어	10	10	10	5	5	5	3	3	3	3	2	0	0	0	0
부 수	10	10	10	5	5	5	3	3	0	0	0	0	0	0	0
동의어	10	10	10	5	5	5	3	3	3	3	2	0	0	0	0
장단음	10	10	10	5	5	5	3	0	0	0	0	0	0	0	0
약 자	3	3	3	3	3	3	3	3	3	3	0	0	0	0	0
필 순	0	0	0	0	0	0	0	0	3	3	3	3	2	2	2
한 문	20	20	0	0	0	0	0	0	0	0	0	0	0	0	0

▶ 상위급수 한자는 모두 하위급수 한자를 포함하고 있습니다.

▶ 쓰기 배정 한자는 한두 급수 아래의 읽기 배정한자이거나 그 범위 내에 있습니다.

▶ 출제유형표는 기본지침자료로서, 출제자의 의도에 따라 차이가 있을 수 있습니다.

▶ 공인급수는 교육과학기술부로부터 국가공인자격 승인을 받은 특급 · 특급II · 1급 · 2급 · 3급 · 3급II이며, 교육 급수는 한국한자능력검정회에서 시행하는 민간자격인 4급 · 4급II · 5급 · 5급II · 6급 · 6급II · 7급 · 7급II · 8급 입니다.

▶ 5급II · 7급II는 신설 급수로 2010년 11월 13일 시험부터 적용됩니다.

▶ 6급II 읽기 배정한자는 2010년 11월 13일 시험부터 300자에서 225자로 조정됩니다.

한자능력검정시험 합격기준

구 분	특급	특급II	1급	2급	3급	3급II	4급	4급II	5급	5급II	6급	6급II	7급	7급II	8급
출제문항수	200	200	200	150	150	150	100	100	100	100	90	80	70	60	50
합격문항수	160	160	160	105	105	105	70	70	70	70	63	56	49	42	35
시험시간	100분	100분	90분	60분	60분	60분	50분	50분	50분	50분	50분	50분	50분	50분	50분

▶ 특급, 특급II, 1급은 출제 문항수의 80% 이상, 2급 ~ 8급은 70% 이상 득점하면 합격입니다.

차 례

5급Ⅱ 예상문제

5급Ⅱ 기출문제

유형분석(類型分析)

→ 기출문제의 유형들을 분석하여 실제문제에 완벽히 대비할 수 있도록 하였습니다.

5級Ⅱ에서는 6級과 달리 한자어의 讀音, 한자의 訓音, 筆順, 한자어 등의 빈칸을 메워 완성하는 문제, 反對語[相對語] 문제, 同意語[類義의語] 문제, 한자어의 뜻풀이 문제, 한자나 한자어를 직접 쓰는 문제, 同音異義의語 문제 외에 略字(약자 : 획수를 줄인 漢字)도 나온다. 총 100문제가 출제된다.

우선 정해진 배정한자 400자 낱글자의 훈음과 쓰는 순서를 모두 익힌 뒤에 그 글자들이 어울려 만들어내는 한자어의 독음과 뜻을 학습하여야 한다. 그리고 反對語[相對語], 同意語[類義의語], 同音異義의語[소리는 같고 뜻은 다른 한자어]의 개념도 학습하여야 한다. 또 해당 범위 내의 略字(약자 : 획수를 줄인 漢字)도 익혀 두어야 한다. 한자 쓰기는 6급Ⅱ에서 익혔던 225자 범위 내의 한자어 중 많이 쓰이는 중요한 것은 모두 읽고 쓸 줄 알아야 한다.

시험에서 중요한 사항은 우선 출제자가 요구하는 답이 무엇인지 질문을 통해 확인하여야 한다. 기출문제를 풀어보면 알 수 있지만 대개 질문은 회차에 무관하게 각 급수별로 일정한 유형으로 정해져 있다. 따라서 기출문제를 통하여 질문에 익숙해져야 한다.

① 한자어의 讀音 문제는 대개 지문과 함께 한자어가 제시된다.

> **다음 밑줄 친 漢字語의 讀音을 쓰세요. (1~5)**
>
> **1** 매우 <u>重要</u>한 사항이다.
> **2** 의문 나는 것에 대하여 <u>質問</u>을 드렸다.
> **3** 중국의 <u>歷史</u>에 대하여 토론하였다.
> **4** 서예가의 <u>運筆</u>이 매우 힘차다.
> **5** 그는 학습에 컴퓨터를 잘 <u>利用</u>한다.

유 형 해 설

기본적으로 한자 낱글자의 소리를 알고 있으면 답할 수 있다. 다만 두음법칙, 속음 등에 주의하면 된다. 위의 문장의 '利用'의 경우 답안지에는 '이용'으로 적어야 한다. '리용'으로 적으면 틀린 답이 된다. '利'는 본래 소리가 '리'이지만 국어에는 두음법칙이 있어 첫소리에 'ㄹ'이 오는 것을 꺼리므로 '이'로 하여야 한다. 물론 한자어가 '有利'로 '利'가 뒤에 온다면 '유리'로 정상적으로 '리'로 답하면 된다.

또 '五六月'의 경우 답안지에는 '오뉴월'로 적어야 하며, '오류월'로 적으면 틀린 답이 된다. 속음이라 하여 국어에는 한국인이 소리내기 쉽게 한자음이 바뀌는 경우 등이 발생하며 이런 때는 바뀐 한자 소리를 우선하여야 한다. 이런 한자어들은 사례가 많지 않으므로 기본 지침서를 활용하여 익혀두면 된다.

② 한자의 訓音 문제는 대개 다음과 같다.

> **다음 漢字의 訓과 音을 쓰세요. (36~40)**
>
> | 例 | 字 → 글자 자 |
> | --- | --- |
>
> **36** 責   **37** 感
> **38** 調   **39** 席
> **40** 歲

유 형 해 설

위의 訓과 音 문제는 한자 낱글자의 뜻과 소리를 알고 있으면 풀 수 있는 문제들이다.

3 筆順 문제는 8급·7급·6급Ⅱ·6급과 마찬가지로 한자 낱글자의 쓰는 순서를 알고 있으면 풀 수 있다.

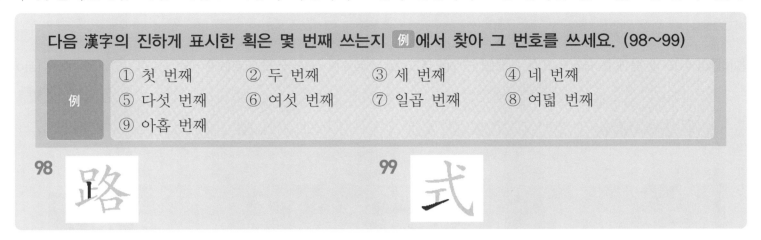

다음 漢字의 진하게 표시한 획은 몇 번째 쓰는지 例 에서 찾아 그 번호를 쓰세요. (98~99)

例	① 첫 번째	② 두 번째	③ 세 번째	④ 네 번째
	⑤ 다섯 번째	⑥ 여섯 번째	⑦ 일곱 번째	⑧ 여덟 번째
	⑨ 아홉 번째			

98 路   99 式

유형해설

위의 문제처럼 대개 특정 획을 지정하여 몇 번째 쓰는 획인지를 물어보므로 한자 낱글자의 쓰는 순서를 평소에 익혀둔 다면 무리 없이 답할 수 있다. 참고로 획수와 번호는 서로 일치되게 하였으므로 번호를 고를 때는 해당 획수와 일치하는 번호를 고르면 된다. 예로 다섯 번째 획이면 ⑤번을 고르면 된다.

4 한자어의 뜻풀이 문제는 대개 다음과 같다.

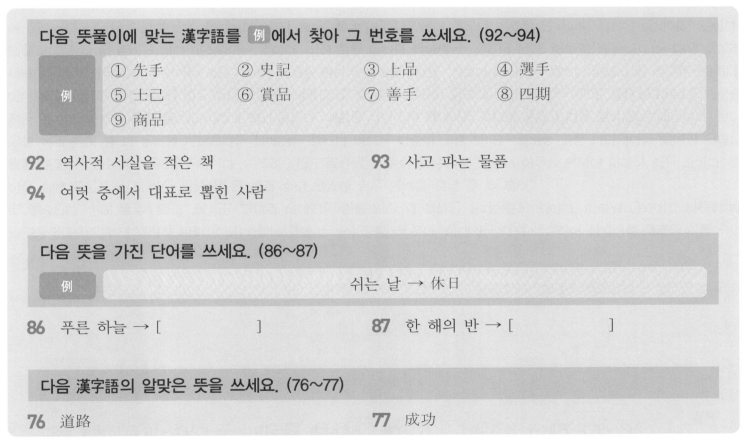

다음 뜻풀이에 맞는 漢字語를 例 에서 찾아 그 번호를 쓰세요. (92~94)

例	① 先手	② 史記	③ 上品	④ 選手
	⑤ 士己	⑥ 賞品	⑦ 善手	⑧ 四期
	⑨ 商品			

92 역사적 사실을 적은 책   93 사고 파는 물품

94 여럿 중에서 대표로 뽑힌 사람

다음 뜻을 가진 단어를 쓰세요. (86~87)

| 例 | 쉬는 날 → 休日 |

86 푸른 하늘 → [   ]   87 한 해의 반 → [   ]

다음 漢字語의 알맞은 뜻을 쓰세요. (76~77)

76 道路   77 成功

유형해설

뜻풀이 문제는 배정한자 범위 내에 있는 자주 쓰이는 한자어들을 익혀 두어야 한다. 한자의 訓音으로 한자어의 뜻을 짐작하는 훈련을 하고, 뜻을 가지고 해당 한자어를 찾아내거나 쓸 수 있도록 연습하여야 한다.

그리고 한자어는 순우리말과 풀이 순서가 다를 수 있으므로 한자어의 구조에 대하여도 기본적인 것은 학습하여 두어야 한다. 예로 植木은 보통 '심을 식, 나무 목'으로 익혀 植木을 '심은 나무' 등으로 풀이하기 쉬운데, 뜻이 달라지거나 말이 통하지 않으므로 뒤부터 풀이하여 '나무를 심음'이라는 뜻이 드러나도록 표현하여야 한다. 또 대표 훈음만으로는 이해되지 않는 자주 쓰이는 한자어도 출제되므로 한자어가 잘 이해가 안 될 때는 자전 등을 참고하여 다른 중요한 뜻도 공부하여 두어야 한다. 위의 選手의 경우 '가릴 선, 손 수'가 대표훈음이지만 이를 토대로 '가린 손'이라 해 보아야 뜻이 통하지 않는 것이다. 이런 경우의 '手'는 '사람'의 뜻이라는 것도 알아 두어야 '(여럿 중에서)가려 뽑은 사람'이라는 뜻을 이해하고 설명할 수 있는 것이다.

5 相對語[反對語], 同義의語[類義의語] 문제는 대개 相對[反對] 또는 같거나 비슷한 뜻을 지닌 한자를 찾아내는 형태이다.

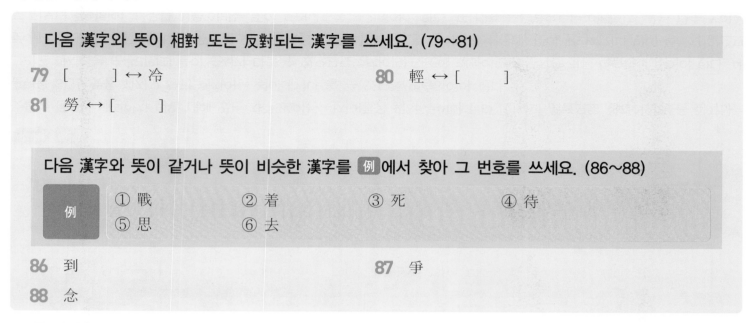

다음 漢字와 뜻이 相對 또는 反對되는 漢字를 쓰세요. (79~81)

79 [　　] ↔ 冷　　　　　80 輕 ↔ [　　]

81 勞 ↔ [　　]

다음 漢字와 뜻이 같거나 뜻이 비슷한 漢字를 例에서 찾아 그 번호를 쓰세요. (86~88)

例
① 戰　　② 着　　③ 死　　④ 待
⑤ 思　　⑥ 去

86 到　　　　　　　　　87 爭

88 念

유형해설

평소에 相對(反對)의 개념과 相對(反對)자를 학습해 두어야만 풀 수 있다. 반대자는 대개 결합되어 한자어를 만드는 것들이 주로 출제된다. 위의 溫冷, 輕重, 勞使는 그대로 반대되는 뜻을 지닌 채 결합한 한자어들인 것이다. 따라서 한자어를 학습할 때 이런 점에 관심을 두고 이런 한자어들을 따로 추려 공부해 두면 문제를 쉽게 풀 수 있다.

相對(反對)는 완전히 다른 것은 아니다. 비교의 기준으로서 같은 점이 있어야 하고 하나 이상은 달라야 반대가 되는 것이다. 溫冷를 예로 들면 둘 다 온도를 나타낸다는 점에서는 같으나 하나는 따뜻한 것을 하나는 차가운 것을 나타낸다는 점에서 반대가 되는 것이다. 春夏를 예로 든다면 반대가 되지 않는다. 계절을 나타내는 점에서는 같으나 반대가 되는 것이 없기 때문이다. 봄이 아니라고 하여 반드시 여름인 것은 아니고 가을, 겨울도 있으므로 여름만이 봄의 반대가 될 수는 없다. 春秋는 다르다. 계절을 나타내는 점에서는 같으나 하나는 씨를 뿌리는 계절을 하나는 열매를 거두는 계절이 대비되는 점에서 반대가 될 수 있는 것이다.

同義의[類義의]란 뜻이 같거나 비슷하다는 뜻이다. 이와 같은 한자를 찾아낼 수 있으면 된다. 同義의[類義의]자는 대개 결합되어 한자어를 만드는 것들이 주로 출제된다. 위의 到着, 戰爭, 思念은 뜻이 같거나 비슷한 글자끼리 결합된 한자어인 것이다.

6 5급의 同音異義의語 문제는 6급과 마찬가지로 대개 同音異義의字[소리는 같고 뜻은 다른 글자]를 묻는 문제가 출제되며 한자어는 거의 출제되지 않는 경향이다.

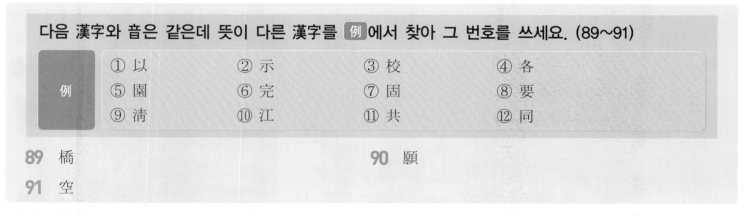

다음 漢字와 音은 같은데 뜻이 다른 漢字를 例에서 찾아 그 번호를 쓰세요. (89~91)

例
① 以　　② 示　　③ 校　　④ 各
⑤ 園　　⑥ 完　　⑦ 固　　⑧ 要
⑨ 淸　　⑩ 江　　⑪ 共　　⑫ 同

89 橋　　　　　　　　　90 願

91 空

유형해설

이런 문제는 한자의 소리를 묻는 문제로도 볼 수 있는 것으로 기본적으로 한자의 訓音만 알고 있으면 쉽게 풀 수 있는 문제이다.

7 완성형 문제는 대개 사자성어 등의 한 글자 정도를 비워 놓고 채워 넣을 수 있는 지를 검정하는 문제
가 출제된다.

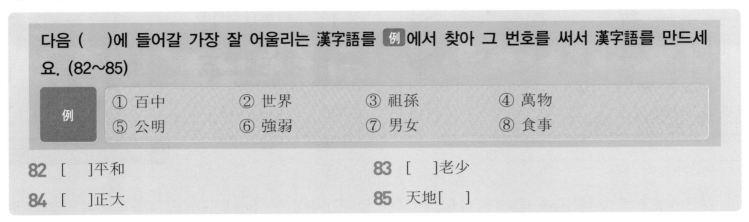

다음 (   )에 들어갈 가장 잘 어울리는 漢字語를 例 에서 찾아 그 번호를 써서 漢字語를 만드세
요. (82~85)

例	① 百中	② 世界	③ 祖孫	④ 萬物
	⑤ 公明	⑥ 強弱	⑦ 男女	⑧ 食事

82 [　]平和　　　　　　83 [　]老少

84 [　]正大　　　　　　85 天地[　]

유형해설

배정한자 범위내의 자주 쓰이는 사자성어 등은 별도로 익혀두는 것이 좋다. '세계평화, 공명정대' 등 소리만이라도 연상할 수 있
다면 문제에 쉽게 접근할 수 있을 것이다.

8 한자어를 쓰는 문제는 대개 맞는 한자어를 바로 머리에 떠올릴 수 있도록 지문이 주어진다.

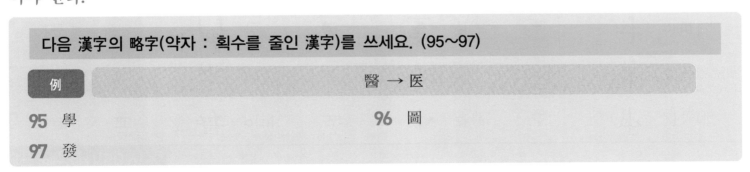

다음 밑줄 친 漢字語를 漢字로 쓰세요. (59~61)

59 우리 강산은 아름답습니다.　　　　60 교통 신호를 지킵시다.

61 심신이 피곤합니다.

유형해설

한자어를 쓰는 문제는 한자 능력을 종합적으로 검정하는 문제라고 할 수 있다. 평소에 익힌 한자와 한자어를 여러 번 써 보고
뜻을 익히는 일을 게을리 하지 말아야 한다. 또 문장 속에서 익힌 한자어를 활용하는 습관을 들여야 한다.

9 略字(약자 : 획수를 줄인 漢字) 문제는 대개 정자를 제시하고 해당 약자를 쓰라는 형태로 출제되지만,
간혹 약자를 제시하고 정자로 바꾸어 쓰라는 문제도 출제되므로 범위 내의 정자와 약자를 다 익혀 두
어야 한다.

다음 漢字의 略字(약자 : 획수를 줄인 漢字)를 쓰세요. (95~97)

例	醫 → 医

95 學　　　　　　　　　96 圖

97 發

한자음 뒤에 나오는 ":"는 장음 표시입니다. "(:)"는 장단음 모두 사용되는 한자이며, ":"나 "(:)"이 없는 한자는 단음으로만 쓰입니다.

8급 배정한자(50자)

한자	훈	음	한자	훈	음	한자	훈	음	한자	훈	음
敎	가르칠	교:	母	어미	모:	小	작을	소:	中	가운데	중
校	학교	교:	木	나무	목	水	물	수	靑	푸를	청
九	아홉	구	門	문	문	室	집	실	寸	마디	촌:
國	나라	국	民	백성	민	十	열	십	七	일곱	칠
軍	군사	군	白	흰	백	五	다섯	오:	土	흙	토
金	쇠	금	父	아비	부	王	임금	왕	八	여덟	팔
	성(姓)	김	北	북녘	북	外	바깥	외:	學	배울	학
南	남녘	남		달아날	배:	月	달	월	韓	한국	한(:)
女	계집	녀	四	넉	사:	二	두	이:		나라	한(:)
年	해	년	山	메	산	人	사람	인	兄	형	형
大	큰	대(:)	三	석	삼	一	한	일	火	불	화(:)
東	동녘	동	生	날	생	日	날	일			
六	여섯	륙	西	서녘	서	長	긴	장(:)			
萬	일만	만:	先	먼저	선	弟	아우	제:			

☑ 8급 배정한자는 모두 50자로, 읽기 50자이며, 쓰기 배정한자는 없습니다. 가장 기초적인 한자들로 꼭 익혀 둡시다.

7급Ⅱ 배정한자(50자)

한자	훈	음	한자	훈	음	한자	훈	음	한자	훈	음
家	집	가	工	장인	공	內	안	내:	力	힘	력
間	사이	간(:)	空	빌	공	農	농사	농	立	설	립
江	강	강	氣	기운	기	答	대답	답	每	매양	매(:)
車	수레	거	記	기록할	기	道	길	도:	名	이름	명
	수레	차	男	사내	남	動	움직일	동:	物	물건	물

方	모(稜)	방	食	밥	식	全	온전	전	漢	한수	한:
不	아닐	불		먹을	식	前	앞	전		한나라	한:
事	일	사:	安	편안	안	電	번개	전:	海	바다	해:
上	윗	상:	午	낮	오:	正	바를	정(:)	話	말씀	화
姓	성	성:	右	오를	우:	足	발	족	活	살	활
世	인간	세:		오른(쪽)	우:	左	왼	좌:	孝	효도	효:
手	손	수(:)	子	아들	자	直	곧을	직	後	뒤	후:
市	저자	시:	自	스스로	자	平	평평할	평			
時	때	시	場	마당	장	下	아래	하:			

☑ 7급Ⅱ 배정한자는 모두 100자로, 8급 배정한자(50자)를 제외한 50자만을 담았습니다. 8급과 마찬가지로 쓰기 배정한자는 없습니다.

7급 배정한자(50자)

歌	노래	가	面	낯	면:	植	심을	식	住	살	주:
口	입	구(:)	命	목숨	명:	心	마음	심	重	무거울	중:
旗	기	기	問	물을	문:	語	말씀	어:	地	따	지
冬	겨울	동(:)	文	글월	문	然	그럴	연	紙	종이	지
同	한가지	동	百	일백	백	有	있을	유:	千	일천	천
洞	골	동:	夫	지아비	부	育	기를	육	天	하늘	천
	밝을	통:	算	셈	산:	邑	고을	읍	川	내	천
登	오를	등	色	빛	색	入	들	입	草	풀	초
來	올	래(:)	夕	저녁	석	字	글자	자	村	마을	촌:
老	늙을	로:	少	적을	소:	祖	할아비	조	秋	가을	추
里	마을	리:	所	바	소:	主	임금	주	春	봄	춘
林	수풀	림	數	셈	수:		주인	주	出	날(生)	출

| 便 | 편할 | 편(:) | 夏 | 여름 | 하: | 休 | 쉴 | 휴 | |
| | 똥오줌 | 변 | 花 | 꽃 | 화 | | | | |

☑ 7급 배정한자는 모두 150자로, 7급Ⅱ 배정한자(100자)를 제외한 50자만을 담았습니다. 8급, 7급Ⅱ와 마찬가지로 쓰기 배정한자는 없습니다.

6급Ⅱ 배정한자(75자)

各	각각	각		구절	두	線	줄	선	意	뜻	의:
角	뿔	각	童	아이	동(:)	雪	눈	설	作	지을	작
界	지경	계:	等	무리	등:	成	이룰	성	昨	어제	작
計	셀	계:	樂	즐길	락	省	살필	성	才	재주	재
高	높을	고		노래	악		덜	생	戰	싸움	전:
公	공평할	공		좋아할	요	消	사라질	소	庭	뜰	정
共	한가지	공:	利	이할	리	術	재주	술	第	차례	제:
功	공(勳)	공	理	다스릴	리	始	비로소	시:	題	제목	제
果	실과	과:	明	밝을	명	信	믿을	신:	注	부을	주:
科	과목	과	聞	들을	문(:)	新	새	신	集	모을	집
光	빛	광	半	반(半)	반:	神	귀신	신	窓	창	창
球	공	구	反	돌이킬	반:	身	몸	신	淸	맑을	청
今	이제	금		돌아올	반:	弱	약할	약	體	몸	체
急	급할	급	班	나눌	반	藥	약	약	表	겉	표
短	짧을	단(:)	發	필	발	業	업	업	風	바람	풍
堂	집	당	放	놓을	방(:)	勇	날랠	용:	幸	다행	행:
代	대신할	대:	部	떼	부	用	쓸	용:	現	나타날	현:
對	대할	대:	分	나눌	분(:)	運	옮길	운:	形	모양	형
圖	그림	도	社	모일	사	音	소리	음	和	화할	화
讀	읽을	독	書	글	서	飮	마실	음(:)	會	모일	회:

☑ 6급Ⅱ 배정한자는 모두 225자로, 7급 배정한자(150자)를 제외한 75자만을 담았습니다. 쓰기 배정한자 8급 50자입니다.

6급 배정한자(75자)

感	느낄	감:
強	강할	강(:)
開	열	개
京	서울	경
古	예	고:
苦	쓸[味覺]	고
交	사귈	교
區	구분할	구
	지경	구
郡	고을	군:
根	뿌리	근
近	가까울	근:
級	등급	급
多	많을	다
待	기다릴	대:
度	법도	도(:)
	헤아릴	탁
頭	머리	두
例	법식	례:
禮	예도	례:
路	길	로:

綠	푸를	록
李	오얏	리:
	성(姓)	리:
目	눈	목
米	쌀	미
美	아름다울	미(:)
朴	성(姓)	박
番	차례	번
別	다를	별
	나눌	별
病	병	병:
服	옷	복
本	근본	본
使	하여금	사:
	부릴	사:
死	죽을	사:
席	자리	석
石	돌	석
速	빠를	속
孫	손자	손(:)
樹	나무	수

習	익힐	습
勝	이길	승
式	법	식
失	잃을	실
愛	사랑	애(:)
夜	밤	야:
野	들(坪)	야:
洋	큰바다	양
陽	볕	양
言	말씀	언
永	길	영:
英	꽃부리	영
溫	따뜻할	온
園	동산	원
遠	멀	원:
油	기름	유
由	말미암을	유
銀	은	은
衣	옷	의
醫	의원	의
者	놈	자

章	글	장
在	있을	재:
定	정할	정:
朝	아침	조
族	겨레	족
晝	낮	주
親	친할	친
太	클	태
通	통할	통
特	특별할	특
合	합할	합
行	다닐	행(:)
	항렬	항
向	향할	향:
號	이름	호(:)
畫	그림	화:
	그을	획(劃)
黃	누를	황
訓	가르칠	훈:

☑ 6급 배정한자는 모두 300자로, 6급Ⅱ 배정한자(225자)를 제외한 75자만을 담았습니다. 쓰기 배정한자 7급 150자입니다.

5급 II 배정한자(100자)

價	값	가	德	큰	덕	仙	신선	선	元	으뜸	원
客	손	객	到	이를	도:	鮮	고울	선	偉	클	위
格	격식	격	獨	홀로	독	說	말씀	설	以	써	이:
見	볼	견:	朗	밝을	랑		달랠	세:	任	맡길	임(:)
	뵈올	현:	良	어질	량	性	성품	성:	材	재목	재
決	결단할	결	旅	나그네	려	歲	해	세:	財	재물	재
結	맺을	결	歷	지날	력	洗	씻을	세:	的	과녁	적
敬	공경	경:	練	익힐	련:	束	묶을	속	傳	전할	전
告	고할	고:	勞	일할	로	首	머리	수	典	법	전:
課	공부할	과(:)	流	흐를	류	宿	잘	숙	展	펼	전:
	과정	과(:)	類	무리	류(:)		별자리	수:	切	끊을	절
過	지날	과:	陸	뭍	륙	順	순할	순:		온통	체
觀	볼	관	望	바랄	망:	識	알	식	節	마디	절
關	관계할	관	法	법	법	臣	신하	신	店	가게	점:
廣	넓을	광:	變	변할	변:	實	열매	실	情	뜻	정
具	갖출	구(:)	兵	병사	병	兒	아이	아	調	고를	조
舊	예	구:	福	복	복	惡	악할	악	卒	마칠	졸
局	판[形局]	국:	奉	받들	봉:		미워할	오	種	씨	종(:)
基	터	기	仕	섬길	사(:)	約	맺을	약	州	고을	주
己	몸	기	史	사기(史記)	사:	養	기를	양:	週	주일	주
念	생각	념:	士	선비	사:	要	요긴할	요(:)	知	알	지
能	능할	능	産	낳을	산:	友	벗	우:	質	바탕	질
團	둥글	단	商	장사	상	雨	비	우:	着	붙을	착
當	마땅	당	相	서로	상	雲	구름	운	參	참여할	참

責	꾸짖을	책	品	물건	품:	害	해할	해:	凶	흉할	흉
充	채울	충	必	반드시	필	化	될	화(:)			
宅	집	택	筆	붓	필	效	본받을	효:			

☑ 5급Ⅱ 배정한자는 모두 400자로, 6급 배정한자(300자)를 제외한 100자만 담았습니다. 쓰기 배정한자는 6급Ⅱ 225자입니다.

사자성어(四字成語)

8급 사자성어

國 民 年 金 나라 국 백성 민 해 년 쇠 금	일정 기간 또는 죽을 때까지 해마다 지급되는 일정액의 돈 (국민연금)
父 母 兄 弟 아비 부 어미 모 형 형 아우 제	아버지·어머니·형·아우 라는 뜻으로, 가족을 이르는 말
生 年 月 日 날 생 해 년 달 월 날 일	태어난 해와 달과 날
大 韓 民 國 큰 대 나라 한 백성 민 나라 국	우리나라의 국호(나라이름)
三 三 五 五 석 삼 석 삼 다섯 오 다섯 오	서너 사람 또는 대여섯 사람 이 떼를 지어 다니거나 무슨 일을 함
十 中 八 九 열 십 가운데 중 여덟 팔 아홉 구	열 가운데 여덟이나 아홉 정도 로 거의 대부분이거나 거의 틀림 없음
東 西 南 北 동녘 동 서녘 서 남녘 남 북녘 북	동쪽·서쪽·남쪽·북쪽이 라는 뜻으로, 모든 방향을 이르는 말

7급Ⅱ 사자성어

南 男 北 女 남녘 남 사내 남 북녘 북 계집 녀	우리나라에서, 남자는 남쪽 지방 사람이 잘나고 여자는 북쪽 지방 사람이 고움을 이르는 말
上 下 左 右 윗 상 아래 하 왼 좌 오른 우	위·아래·왼쪽·오른쪽을 이르는 말로, 모든 방향을 이름
土 木 工 事 흙 토 나무 목 장인 공 일 사	땅과 하천 따위를 고쳐 만드는 공사
四 方 八 方 넉 사 모 방 여덟 팔 모 방	여기저기 모든 방향이나 방면
世 上 萬 事 인간 세 윗 상 일만 만 일 사	세상에서 일어나는 온갖 일
八 道 江 山 여덟 팔 길 도 강 강 메 산	팔도의 강산이라는 뜻으로, 우리나라 전체의 강산을 이르는 말
四 海 兄 弟 넉 사 바다 해 형 형 아우 제	온 세상 사람이 모두 형제와 같다는 뜻으로, 친밀함을 이르는 말
人 山 人 海 사람 인 메 산 사람 인 바다 해	사람이 수없이 많이 모인 상태 를 이르는 말

7급 사자성어

男 女 老 少 사내 남 계집 녀 늙을 로 적을 소	남자와 여자, 나이 든 사람과 젊은 사람이란 뜻으로 모든 사람을 이르는 말 (남녀노소)
百 萬 大 軍 일백 백 일만 만 큰 대 군사 군	아주 많은 병사로 조직된 군대를 이르는 말
月 下 老 人 달 월 아래 하 늙을 로 사람 인	부부의 인연을 맺어 준다는 전설상의 노인 (월하노인)
男 中 一 色 사내 남 가운데 중 한 일 빛 색	남자의 얼굴이 썩 뛰어나게 잘 생김
不 老 長 生 아닐 불 늙을 로 긴 장 날 생	늙지 아니하고 오래 삶
二 八 靑 春 두 이 여덟 팔 푸를 청 봄 춘	16세 무렵의 꽃다운 청춘
東 問 西 答 동녘 동 물을 문 서녘 서 대답 답	물음과는 전혀 상관없는 엉뚱 한 대답
不 立 文 字 아닐 불 설 립 글월 문 글자 자	불도의 깨달음은 마음에서 마 음으로 전하는 것이므로 말이 나 글에 의지하지 않는다는 말
一 問 一 答 한 일 물을 문 한 일 대답 답	한 번 물음에 한 번 대답함
萬 里 長 天 일만 만 마을 리 긴 장 하늘 천	아득히 높고 먼 하늘
山 川 草 木 메 산 내 천 풀 초 나무 목	산과 내와 풀과 나무, 곧 자연 을 이르는 말
一 日 三 秋 한 일 날 일 석 삼 가을 추	하루가 삼 년 같다는 뜻으로, 몹시 애태우며 기다림을 이르는 말
名 山 大 川 이름 명 메 산 큰 대 내 천	이름난 산과 큰 내
安 心 立 命 편안 안 마음 심 설 립 목숨 명	하찮은 일에 흔들리지 않는 경지 (안심입명)
自 問 自 答 스스로 자 물을 문 스스로 자 대답 답	스스로 묻고 스스로 대답함

自 生 植 物 스스로자 날생 심을식 물건물	산이나 들, 강이나 바다에서 저절로 나는 식물
全 心 全 力 온전전 마음심 온전전 힘력	온 마음과 온 힘
地 上 天 國 따지 윗상 하늘천 나라국	이 세상에서 이룩되는 다시 없이 자유롭고 풍족하며 행복한 사회
青 天 白 日 푸를청 하늘천 흰백 날일	하늘이 맑게 갠 대낮
草 食 動 物 풀초 먹을식 움직일동 물건물	풀을 주로 먹고 사는 동물
春 夏 秋 冬 봄춘 여름하 가을추 겨울동	봄·여름·가을·겨울의 사계절

6급 II 사자성어

家 內 工 業 집가 안내 장인공 업업	집안에서 단순한 기술과 도구로써 작은 규모로 생산하는 수공업
家 庭 教 育 집가 뜰정 가르칠교 기를육	가정의 일상생활 가운데 집안 어른들이 자녀들에게 주는 영향이나 가르침
各 人 各 色 각각각 사람인 각각각 빛색	사람마다 각기 다름
各 自 圖 生 각각각 스스로자 그림도 날생	제각기 살아 나갈 방법을 꾀함
高 等 動 物 높을고 무리등 움직일동 물건물	복잡한 체제를 갖춘 동물
公 明 正 大 공평할공 밝을명 바를정 큰대	하는 일이나 행동이 사사로움이 없이 떳떳하고 바름
大 明 天 地 큰대 밝을명 하늘천 따지	아주 환하게 밝은 세상
門 前 成 市 문문 앞전 이룰성 저자시	찾아오는 사람이 많아 집 문 앞이 시장을 이루다시피 함을 이르는 말
百 年 大 計 일백백 해년 큰대 셀계	먼 앞날까지 미리 내다보고 세우는 크고 중요한 계획
白 面 書 生 흰백 낮면 글서 날생	한갓 글만 읽고 세상일에는 전혀 경험이 없는 사람
百 發 百 中 일백백 필발 일백백 가운데중	백 번 쏘아 백 번 맞힌다는 뜻으로, 총이나 활 따위를 쓸 때마다 겨눈 곳에 다 맞음을 이르는 말
四 面 春 風 넉사 낮면 봄춘 바람풍	누구에게나 좋게 대하는 일
山 戰 水 戰 메산 싸움전 물수 싸움전	세상의 온갖 고생과 어려움을 다 겪었음을 이르는 말
三 十 六 計 석삼 열십 여섯륙 셀계	서른여섯 가지의 꾀, 많은 모계(謀計)의 이름 (삼십육계)
世 界 平 和 인간세 지경계 평평할평 화할화	전 세계가 평온하고 화목함
時 間 問 題 때시 사이간 물을문 제목제	이미 결과가 뻔하여 조만간 저절로 해결될 문제
市 民 社 會 저자시 백성민 모일사 모일회	신분적 구속에 지배되지 않으며, 자유롭고 평등한 개인의 이성적 결합으로 이루어진 사회
樂 山 樂 水 좋아할요 메산 좋아할요 물수	산과 물을 좋아한다는 것으로 즉 자연을 좋아함
人 事 不 省 사람인 일사 아닐불 살필성	제 몸에 벌어지는 일을 모를 만큼 정신을 잃은 상태
人 海 戰 術 사람인 바다해 싸움전 재주술	우수한 화기보다 다수의 병력을 투입하여 적을 압도하는 전술
一 心 同 體 한일 마음심 한가지동 몸체	한마음 한 몸이라는 뜻으로, 서로 굳게 결합함을 이르는 말
一 日 三 省 한일 날일 석삼 살필성	하루에 세 가지 일로 자신을 되돌아보고 살핌
一 長 一 短 한일 긴장 한일 짧을단	일면의 장점과 다른 일면의 단점을 통틀어 이르는 말
自 手 成 家 스스로자 손수 이룰성 집가	물려받은 재산이 없이 자기 혼자의 힘으로 집안을 일으키고 재산을 모음
天 下 第 一 하늘천 아래하 차례제 한일	세상에 견줄 만한 것이 없이 최고임
清 風 明 月 맑을청 바람풍 밝을명 달월	맑은 바람과 밝은 달
下 等 動 物 아래하 무리등 움직일동 물건물	진화 정도가 낮아 몸의 구조가 단순한 원시적인 동물
形 形 色 色 모양형 모양형 빛색 빛색	상과 빛깔 따위가 서로 다른 여러 가지

6급 사자성어

사자성어	뜻
高 速 道 路 높을 고 빠를 속 길 도 길 로	차의 빠른 통행을 위하여 만든 차전용의 도로
交 通 信 號 사귈 교 통할 통 믿을 신 이름 호	교차로나 횡단보도, 건널목 따위에서 사람이나 차량이 질서 있게 길을 가도록 하는 기호나 등화(燈火)
九 死 一 生 아홉 구 죽을 사 한 일 날 생	아홉 번 죽을 뻔하다 한 번 살아난다는 뜻으로, 죽을 고비를 여러 차례 넘기고 겨우 살아남을 이르는 말
男 女 有 別 사내 남 계집 녀 있을 유 다를 별	남자와 여자 사이에 분별이 있어야 함을 이르는 말
代 代 孫 孫 대신 대 대신 대 손자 손 손자 손	오래도록 내려오는 여러 대
同 苦 同 樂 한가지 동 쓸 고 한가지 동 즐거울 락	괴로움과 즐거움을 함께 함
同 生 共 死 한가지 동 날 생 한가지 공 죽을 사	서로 같이 살고 같이 죽음
東 西 古 今 동녘 동 서녘 서 예 고 이제 금	동양과 서양, 옛날과 지금을 통틀어 이르는 말
同 姓 同 本 한가지 동 성 성 한가지 동 근본 본	성(姓)과 본관이 모두 같음
同 時 多 發 한가지 동 때 시 많을 다 필 발	연이어 일이 발생함
萬 國 信 號 일만 만 나라 국 믿을 신 이름 호	배와 배 사이 또는 배와 육지 사이의 연락을 위하여 국제적으로 쓰는 신호
百 萬 長 者 일백 백 일만 만 긴 장 놈 자	재산이 매우 많은 사람 또는 아주 큰 부자
白 衣 民 族 흰 백 옷 의 백성 민 겨레 족	흰옷을 입은 민족이라는 뜻으로, '한민족'을 이르는 말
百 戰 百 勝 일백 백 싸움 전 일백 백 이길 승	싸울 때마다 다 이김
別 有 天 地 다를 별 있을 유 하늘 천 따 지	별세계, 딴 세상
不 遠 千 里 아닐 불 멀 원 일천 천 마을 리	천리를 멀다 여기지 아니함
父 子 有 親 아비 부 아들 자 있을 유 친할 친	아버지와 아들 사이의 도리는 친애에 있음을 이름
生 老 病 死 날 생 늙을 로 병 병 죽을 사	사람이 나고 늙고 병들고 죽는 네 가지 고통
生 死 苦 樂 날 생 죽을 사 쓸 고 즐거울 락	삶과 죽음, 괴로움과 즐거움을 통틀어 이르는 말
新 聞 記 者 새 신 들을 문 기록할 기 놈 자	신문에 실을 자료를 수집, 취재, 집필, 편집하는 사람
愛 國 愛 族 사랑 애 나라 국 사랑 애 겨레 족	나라와 민족을 아낌
野 生 動 物 들 야 날 생 움직일 동 물건 물	산이나 들에서 저절로 나서 자라는 동물
年 中 行 事 해 년 가운데 중 다닐 행 일 사	해마다 일정한 시기를 정하여 놓고 하는 행사 (연중행사)
英 才 敎 育 꽃부리 영 재주 재 가르칠 교 기를 육	천재아의 재능을 훌륭하게 발전시키기 위한 특수교육
人 命 在 天 사람 인 목숨 명 있을 재 하늘 천	사람의 목숨은 하늘에 달려 있다는 말
一 口 二 言 한 일 입 구 두 이 말씀 언	한 입으로 두 말을 한다는 뜻으로, 한 가지 일에 대하여 말을 이랬다 저랬다 함을 이르는 말
一 朝 一 夕 한 일 아침 조 한 일 저녁 석	하루 아침과 하루 저녁이라는 뜻으로, 짧은 시일을 이르는 말
子 孫 萬 代 아들 자 손자 손 일만 만 대신 대	오래도록 내려오는 여러 대
自 由 自 在 스스로 자 말미암을 유 스스로 자 있을 재	거침없이 자기 마음대로 할 수 있음
作 心 三 日 지을 작 마음 심 석 삼 날 일	단단히 먹은 마음이 사흘이 가지 못한다는 뜻으로, 결심이 굳지 못함을 이르는 말
電 光 石 火 번개 전 빛 광 돌 석 불 화	번갯불이나 부싯돌의 불이 번쩍거리는 것과 같이 매우 짧은 시간이나 매우 재빠른 움직임 따위를 비유적으로 이르는 말
晝 夜 長 川 낮 주 밤 야 긴 장 내 천	밤낮으로 쉬지 아니하고 연달아
千 萬 多 幸 일천 천 일만 만 많을 다 다행 행	아주 다행함
草 綠 同 色 풀 초 푸를 록 한가지 동 빛 색	이름이 다르나 따지고 보면 한 가지 것이라는 말
特 別 活 動 특별할 특 다를 별 살 활 움직일 동	학교 교육 과정에서 교과 학습 이외의 교육활동
八 方 美 人 여덟 팔 모 방 아름다울 미 사람 인	어느 모로 보나 아름다운 사람이라는 뜻으로, 여러 방면에 능통한 사람
行 方 不 明 다닐 행 모 방 아닐 불 밝을 명	간 곳이나 방향을 모름
花 朝 月 夕 꽃 화 아침 조 달 월 저녁 석	꽃 피는 아침과 달 밝은 밤이라는 뜻으로, 경치가 좋은 시절을 이르는 말
訓 民 正 音 가르칠 훈 백성 민 바를 정 소리 음	백성을 가르치는 바른 소리라는 뜻으로, 1443년에 세종대왕이 창제한 우리나라 글자를 이르는 말

5급 II 사자성어

見 物 生 心 볼 견 물건 물 날 생 마음 심	물건을 보면 그 물건을 가지고 싶은 생각이 듦
聞 一 知 十 들을 문 한 일 알 지 열 십	하나를 들으면 열을 앎
雨 順 風 調 비 우 순할 순 바람 풍 고를 조	비가 오고 바람이 부는 것이 때와 분량이 알맞음
決 死 反 對 결단할 결 죽을 사 돌이킬 반 대할 대	죽기를 각오하고 있는 힘을 다하여 반대함
奉 仕 活 動 받들 봉 벼슬할 사 살 활 움직일 동	국가나 사회 또는 남을 위하여 자신을 돌보지 아니하고 힘을 바쳐 애씀
以 實 直 告 써 이 열매 실 곧을 직 알릴 고	사실 그대로 고함
敬 老 孝 親 공경 경 늙을 로 효도 효 친할 친	어른을 공경하고 부모에게 효도함
父 傳 子 傳 아비 부 전할 전 아들 자 전할 전	아버지가 아들에게 대대로 전함
以 心 傳 心 써 이 마음 심 전할 전 마음 심	마음에서 마음으로 뜻을 전함
敬 天 愛 人 공경 경 하늘 천 사랑 애 사람 인	하늘을 공경하고 사람을 사랑함
北 窓 三 友 북녘 북 창 창 석 삼 벗 우	거문고, 술, 시를 아울러 이르는 말
人 相 着 衣 사람 인 서로 상 붙을 착 옷 의	사람의 생김새와 옷차림
敎 學 相 長 가르칠 교 배울 학 서로 상 긴 장	남을 가르치는 일과 스승에게서 배우는 일이 서로 도와서 자기의 학문을 길러 줌
士 農 工 商 선비 사 농사 농 장인 공 헤아릴 상	예전에 백성을 나누던 네 가지 계급. 선비, 농부, 공장(工匠), 상인을 이르던 말
自 古 以 來 스스로 자 옛 고 써 이 올 래	예로부터 지금까지의 과정
能 小 能 大 능할 능 작을 소 능할 능 큰 대	작은 일에도 능하고 큰 일에도 능하다는 데서 모든 일에 두루 능함을 이르는 말
事 親 以 孝 일 사 친할 친 써 이 효도 효	어버이를 섬기기를 효도로써 함을 이름
全 知 全 能 온전 전 알 지 온전 전 능할 능	어떠한 사물이라도 잘 알고, 모든 일을 다 수행할 수 있는 신불(神佛)의 능력
多 才 多 能 많을 다 재주 재 많을 다 능할 능	재능이 많다는 말
生 面 不 知 날 생 낯 면 아닐 부 알 지	서로 한 번도 만난 적이 없어서 전혀 알지 못하는 사람
主 客 一 體 주인 주 손 객 한 일 몸 체	주인과 손이 한 몸이라는 데서, 나와 나 밖의 대상이 하나가 됨을 말함
多 情 多 感 많을 다 뜻 정 많을 다 느낄 감	감수성이 예민하고 느끼는 바가 많음
速 戰 速 決 빠를 속 싸울 전 빠를 속 터질 결	싸움을 오래 끌지 아니하고 빨리 몰아쳐 이기고 짐을 결정함
知 行 合 一 알 지 ·다닐 행 합할 합 한 일	지식과 행동이 서로 맞음
大 同 團 結 큰 대 한가지 동 둥글 단 맺을 결	여러 집단이나 사람이 어떤 목적을 이루려고 크게 한 덩어리로 뭉침
十 年 知 己 열 십 해 년 알 지 자기 기	오래전부터 친히 사귀어 잘 아는 사람
靑 山 流 水 푸를 청 메 산 흐를 류 물 수	푸른 산에 맑은 물이라는 뜻으로, 막힘없이 썩 잘하는 말을 비유적으로 이르는 말 (청산유수)
大 書 特 筆 큰 대 글 서 특별할 특 붓 필	신문 따위의 출판물에서 어떤 기사에 큰 비중을 두어 다룸을 이르는 말
安 分 知 足 편안할 안 나눌 분 알 지 발 족	제 분수를 지키고 만족할 줄을 앎
風 待 歲 月 바람 풍 기다릴 대 해 세 달 월	아무리 바라고 기다려도 실현될 가능성이 없는
同 化 作 用 한가지 동 될 화 지을 작 쓸 용	외부에서 섭취한 에너지원을 자체의 고유한 성분으로 변화시키는 일
良 藥 苦 口 좋을 량 약 약 쓸 고 입 구	좋은 약은 입에 쓰나 병에 이롭다는 뜻으로 충언(忠言)은 귀에 거슬리나 자신에게 이로움을 이르는 말 (양약고구)
萬 古 不 變 일만 만 예 고 아닐 불 변할 변	오랜 세월을 두고 변하지 않음
語 不 成 說 말씀 어 아닐 불 이룰 성 말씀 설	말이 조금도 이치에 맞지 않음을 말함

江(강) 7급II	↔	山(산) 8급	東(동) 8급	↔	西(서) 8급	水(수) 8급	↔	陸(륙) 5급II
強(강) 6급	↔	弱(약) 6급II	冬(동) 7급	↔	夏(하) 7급	手(수) 7급II	↔	足(족) 7급II
古(고) 6급	↔	今(금) 6급II	母(모) 8급	↔	子(자) 7급II	水(수) 8급	↔	火(화) 8급
苦(고) 6급	↔	樂(락) 6급II	問(문) 7급	↔	答(답) 7급II	新(신) 6급II	↔	古(고) 6급
高(고) 6급II	↔	下(하) 7급II	物(물) 7급II	↔	心(심) 7급	新(신) 6급II	↔	舊(구) 5급II
功(공) 6급II	↔	過(과) 5급II	美(미) 6급	↔	惡(악) 5급II	臣(신) 5급II	↔	民(민) 8급
空(공) 7급II	↔	陸(륙) 5급II	發(발) 6급II	↔	着(착) 5급II	身(신) 6급II	↔	心(심) 7급
敎(교) 8급	↔	習(습) 6급	父(부) 8급	↔	母(모) 8급	心(심) 7급	↔	身(신) 6급II
敎(교) 8급	↔	學(학) 8급	父(부) 8급	↔	子(자) 7급II	心(심) 7급	↔	體(체) 6급II
今(금) 6급II	↔	古(고) 6급	北(북) 8급	↔	南(남) 8급	愛(애) 6급	↔	惡(오) 5급II
男(남) 7급II	↔	女(녀) 8급	分(분) 6급II	↔	合(합) 6급	言(언) 6급	↔	文(문) 7급
南(남) 8급	↔	北(북) 8급	士(사) 5급II	↔	民(민) 8급	言(언) 6급	↔	行(행) 6급
內(내) 7급II	↔	外(외) 8급	死(사) 6급	↔	生(생) 8급	右(우) 7급II	↔	左(좌) 7급II
勞(노) 5급II	↔	使(사) 6급	死(사) 6급	↔	活(활) 7급II	遠(원) 6급	↔	近(근) 6급
老(노) 7급	↔	少(소) 7급	山(산) 8급	↔	海(해) 7급II	月(월) 8급	↔	日(일) 8급
多(다) 6급	↔	少(소) 7급	上(상) 7급II	↔	下(하) 7급II	陸(육) 5급II	↔	海(해) 7급II
短(단) 6급II	↔	長(장) 8급	生(생) 8급	↔	死(사) 6급	利(이) 6급II	↔	害(해) 5급II
大(대) 8급	↔	小(소) 8급	先(선) 8급	↔	後(후) 7급II	日(일) 8급	↔	月(월) 8급

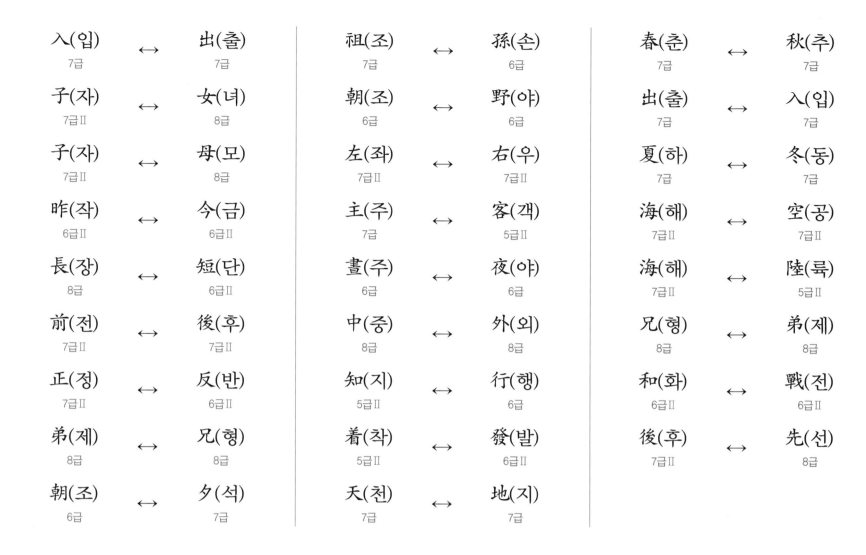

入(입)	↔	出(출)	祖(조)	↔	孫(손)	春(춘)	↔	秋(추)
7급		7급	7급		6급	7급		7급
子(자)	↔	女(녀)	朝(조)	↔	野(야)	出(출)	↔	入(입)
7급II		8급	6급		6급	7급		7급
子(자)	↔	母(모)	左(좌)	↔	右(우)	夏(하)	↔	冬(동)
7급II		8급	7급II		7급II	7급		7급
昨(작)	↔	今(금)	主(주)	↔	客(객)	海(해)	↔	空(공)
6급II		6급II	7급		5급II	7급II		7급II
長(장)	↔	短(단)	晝(주)	↔	夜(야)	海(해)	↔	陸(륙)
8급		6급II	6급		6급	7급II		5급II
前(전)	↔	後(후)	中(중)	↔	外(외)	兄(형)	↔	弟(제)
7급II		7급II	8급		8급	8급		8급
正(정)	↔	反(반)	知(지)	↔	行(행)	和(화)	↔	戰(전)
7급II		6급II	5급II		6급	6급II		6급II
弟(제)	↔	兄(형)	着(착)	↔	發(발)	後(후)	↔	先(선)
8급		8급	5급II		6급II	7급II		8급
朝(조)	↔	夕(석)	天(천)	↔	地(지)			
6급		7급	7급		7급			

반대어(反對語) – 뜻이 반대되는 한자어(漢字語)

感性(감성)	↔	理性(이성)	卒年月日(졸년월일)	↔	生年月日(생년월일)
6급 5급II		6급II 5급II	5급II 8급 8급 8급		8급 8급 8급 8급
對話(대화)	↔	獨白(독백)			
6급II 7급II		5급II 8급			
遠洋(원양)	↔	近海(근해)			
6급 6급		6급 7급II			
情神(정신)	↔	物質(물질)			
5급II 6급II		7급II 5급II			
訓讀(훈독)	↔	音讀(음독)			
6급 6급II		6급II 6급II			

유의자(類義字) – 뜻이 비슷한 한자(漢字)

家(가) 7급II	_	室(실) 8급	區(구) 6급	_	分(분) 6급II	等(등) 6급II	_	級(급) 6급

<table>
<tr><td>家(가)
7급II</td><td>_</td><td>室(실)
8급</td><td>區(구)
6급</td><td>_</td><td>分(분)
6급II</td><td>等(등)
6급II</td><td>_</td><td>級(급)
6급</td></tr>
<tr><td>歌(가)
7급</td><td>_</td><td>樂(악)
6급II</td><td>軍(군)
8급</td><td>_</td><td>旅(려)
5급II</td><td>等(등)
6급II</td><td>_</td><td>類(류)
5급II</td></tr>
<tr><td>家(가)
7급II</td><td>_</td><td>宅(택)
5급II</td><td>軍(군)
8급</td><td>_</td><td>兵(병)
5급II</td><td>明(명)
6급II</td><td>_</td><td>光(광)
6급II</td></tr>
<tr><td>客(객)
5급II</td><td>_</td><td>旅(려)
5급II</td><td>軍(군)
8급</td><td>_</td><td>士(사)
5급II</td><td>明(명)
6급II</td><td>_</td><td>朗(랑)
5급II</td></tr>
<tr><td>格(격)
5급II</td><td>_</td><td>式(식)
6급</td><td>郡(군)
6급</td><td>_</td><td>邑(읍)
7급</td><td>明(명)
6급II</td><td>_</td><td>白(백)
8급</td></tr>
<tr><td>結(결)
5급II</td><td>_</td><td>束(속)
5급II</td><td>根(근)
6급</td><td>_</td><td>本(본)
6급</td><td>名(명)
7급II</td><td>_</td><td>號(호)
6급</td></tr>
<tr><td>結(결)
5급II</td><td>_</td><td>約(약)
5급II</td><td>急(급)
6급II</td><td>_</td><td>速(속)
6급</td><td>文(문)
7급</td><td>_</td><td>書(서)
6급II</td></tr>
<tr><td>計(계)
6급II</td><td>_</td><td>算(산)
7급</td><td>己(기)
5급II</td><td>_</td><td>身(신)
6급II</td><td>文(문)
7급</td><td>_</td><td>章(장)
6급</td></tr>
<tr><td>計(계)
6급II</td><td>_</td><td>數(수)
7급</td><td>記(기)
7급II</td><td>_</td><td>識(지)
5급II</td><td>物(물)
7급II</td><td>_</td><td>品(품)
5급II</td></tr>
<tr><td>告(고)
5급II</td><td>_</td><td>白(백)
8급</td><td>綠(녹)
6급</td><td>_</td><td>靑(청)
8급</td><td>朴(박)
6급</td><td>_</td><td>質(질)
5급II</td></tr>
<tr><td>共(공)
6급II</td><td>_</td><td>同(동)
7급</td><td>堂(당)
6급II</td><td>_</td><td>室(실)
8급</td><td>發(발)
5급II</td><td>_</td><td>展(전)
6급II</td></tr>
<tr><td>工(공)
7급II</td><td>_</td><td>作(작)
6급II</td><td>道(도)
7급II</td><td>_</td><td>路(로)
6급</td><td>方(방)
7급II</td><td>_</td><td>道(도)
7급II</td></tr>
<tr><td>科(과)
6급II</td><td>_</td><td>目(목)
6급</td><td>道(도)
7급II</td><td>_</td><td>理(리)
6급II</td><td>方(방)
7급II</td><td>_</td><td>正(정)
7급II</td></tr>
<tr><td>果(과)
6급II</td><td>_</td><td>實(실)
5급II</td><td>到(도)
5급II</td><td>_</td><td>着(착)
5급II</td><td>番(번)
6급</td><td>_</td><td>第(제)
6급II</td></tr>
<tr><td>過(과)
5급II</td><td>_</td><td>失(실)
6급</td><td>圖(도)
6급II</td><td>_</td><td>畵(화)
6급</td><td>法(법)
5급II</td><td>_</td><td>度(도)
6급</td></tr>
<tr><td>光(광)
6급II</td><td>_</td><td>明(명)
6급II</td><td>同(동)
7급</td><td>_</td><td>等(등)
6급II</td><td>法(법)
5급II</td><td>_</td><td>例(례)
6급</td></tr>
<tr><td>光(광)
6급II</td><td>_</td><td>色(색)
7급</td><td>洞(동)
7급</td><td>_</td><td>里(리)
7급</td><td>法(법)
5급II</td><td>_</td><td>式(식)
6급</td></tr>
<tr><td>敎(교)
8급</td><td>_</td><td>訓(훈)
6급</td><td>同(동)
7급</td><td>_</td><td>一(일)
8급</td><td>法(법)
5급II</td><td>_</td><td>典(전)
5급II</td></tr>
<tr><td>區(구)
6급</td><td>_</td><td>別(별)
6급</td><td>頭(두)
6급</td><td>_</td><td>首(수)
5급II</td><td>變(변)
5급II</td><td>_</td><td>化(화)
5급II</td></tr>
</table>

兵(병) 5급II	士(사) 5급II	樹(수) 6급	林(림) 7급	旅(여) 5급II	客(객) 5급II
兵(병) 5급II	卒(졸) 5급II	樹(수) 6급	木(목) 8급	年(연) 8급	歲(세) 5급II
本(본) 6급	根(근) 6급	習(습) 6급	練(련) 5급II	練(연) 5급II	習(습) 6급
奉(봉) 5급II	仕(사) 5급II	習(습) 6급	學(학) 8급	永(영) 6급	遠(원) 6급
部(부) 6급II	類(류) 5급II	式(식) 6급	例(례) 6급	英(영) 6급	特(특) 6급
分(분) 6급II	區(구) 6급	式(식) 6급	典(전) 5급II	例(예) 6급	法(법) 5급II
分(분) 6급II	別(별) 6급	身(신) 6급II	體(체) 6급II	例(예) 6급	式(식) 6급
士(사) 5급II	兵(병) 5급II	室(실) 8급	家(가) 7급II	例(예) 6급	典(전) 5급II
事(사) 7급II	業(업) 6급II	實(실) 5급II	果(과) 6급II	運(운) 6급II	動(동) 7급II
社(사) 6급II	會(회) 6급II	心(심) 7급	性(성) 5급II	偉(위) 5급II	大(대) 8급
産(산) 5급II	生(생) 8급	兒(아) 5급II	童(동) 6급II	育(육) 7급	養(양) 5급II
算(산) 7급	數(수) 7급	樂(악) 6급II	歌(가) 7급	陸(육) 5급II	地(지) 7급
生(생) 8급	産(산) 5급II	安(안) 7급II	全(전) 7급II	衣(의) 6급	服(복) 6급
生(생) 8급	出(출) 7급	安(안) 7급II	平(평) 7급II	一(일) 8급	同(동) 7급
生(생) 8급	活(활) 7급II	約(약) 5급II	結(결) 5급II	自(자) 7급II	己(기) 5급II
說(설) 5급II	話(화) 7급II	約(약) 5급II	束(속) 5급II	才(재) 6급II	術(술) 6급II
性(성) 5급II	心(심) 7급	養(양) 5급II	育(육) 7급	典(전) 5급II	例(례) 6급
世(세) 7급II	界(계) 6급II	言(언) 6급	說(설) 5급II	典(전) 5급II	法(법) 5급II
世(세) 7급II	代(대) 6급II	言(언) 6급	語(어) 7급	典(전) 5급II	式(식) 6급
首(수) 5급II	頭(두) 6급	業(업) 6급II	事(사) 7급II	正(정) 7급II	方(방) 7급II

23

情(정)	_	意(의)	靑(청)	_	綠(록)	海(해)	_	洋(양)
5급Ⅱ		6급Ⅱ	8급		6급	7급Ⅱ		6급
正(정)	_	直(직)	體(체)	_	身(신)	行(행)	_	動(동)
7급Ⅱ		7급Ⅱ	6급Ⅱ		6급Ⅱ	6급		7급Ⅱ
題(제)	_	目(목)	村(촌)	_	里(리)	形(형)	_	式(식)
6급Ⅱ		6급	7급		7급	6급Ⅱ		6급
第(제)	_	宅(택)	寸(촌)	_	節(절)	畫(화)	_	圖(도)
6급Ⅱ		5급Ⅱ	8급		5급Ⅱ	6급		6급Ⅱ
調(조)	_	和(화)	出(출)	_	生(생)	化(화)	_	變(변)
5급Ⅱ		6급Ⅱ	7급		8급	5급Ⅱ		5급Ⅱ
卒(졸)	_	兵(병)	土(토)	_	地(지)	話(화)	_	說(설)
5급Ⅱ		5급Ⅱ	8급		7급	7급Ⅱ		5급Ⅱ
州(주)	_	郡(군)	洞(통)	_	通(통)	話(화)	_	言(언)
5급Ⅱ		6급	7급		6급	7급Ⅱ		6급
知(지)	_	識(식)	便(편)	_	安(안)	和(화)	_	平(평)
5급Ⅱ		5급Ⅱ	7급		7급Ⅱ	6급Ⅱ		7급Ⅱ
質(질)	_	朴(박)	平(평)	_	等(등)	會(회)	_	社(사)
5급Ⅱ		6급	7급Ⅱ		6급Ⅱ	6급Ⅱ		6급Ⅱ
質(질)	_	正(정)	平(평)	_	安(안)	會(회)	_	集(집)
5급Ⅱ		7급Ⅱ	7급Ⅱ		7급Ⅱ	6급Ⅱ		6급Ⅱ
集(집)	_	團(단)	平(평)	_	和(화)	訓(훈)	_	教(교)
6급Ⅱ		5급Ⅱ	7급Ⅱ		6급Ⅱ	6급		8급
集(집)	_	會(회)	品(품)	_	物(물)	凶(흉)	_	惡(악)
6급Ⅱ		6급Ⅱ	5급Ⅱ		7급Ⅱ	5급Ⅱ		5급Ⅱ
責(책)	_	任(임)	學(학)	_	習(습)			
5급Ⅱ		5급Ⅱ	8급		6급			

유의어

氣品(기품)   _   風格(풍격)

7급Ⅱ 5급Ⅱ   6급Ⅱ 5급Ⅱ

勞作(노작)   _   力作(역작)

5급Ⅱ 6급Ⅱ   7급Ⅱ 6급Ⅱ

部門(부문)   _   分野(분야)

6급Ⅱ 8급   6급Ⅱ 6급

心友(심우)   _   知音(지음)

7급 5급Ⅱ   5급Ⅱ 6급Ⅱ

本土種(본토종)   _   在來種(재래종)

6급 8급 5급Ⅱ   6급 7급 5급Ⅱ

不老草(불로초)   _   不死藥(불사약)

7급Ⅱ 7급 7급   7급Ⅱ 6급 6급Ⅱ

價	_	価	圖	_	図	歲	_	岁, 峗	
값 가		5급Ⅱ	그림 도		6급Ⅱ	해 세		5급Ⅱ	
觀	_	观, 覌, 観	獨	_	独	數	_	数	
볼 관		5급Ⅱ	홀로 독		5급Ⅱ	셈 수:		7급	
關	_	関	讀	_	読	實	_	実	
관계할 관		5급Ⅱ	읽을 독 구절 두		6급Ⅱ	열매 실		5급Ⅱ	
廣	_	広	樂	_	楽	兒	_	児	
넓을 광:		5급Ⅱ	즐길 락 노래 악 좋아할 요		6급Ⅱ	아이 아		5급Ⅱ	
區	_	区	來	_	来	藥	_	薬	
구분할/지경 구		6급	올 래(:)		7급	약 약		6급Ⅱ	
舊	_	旧	練	_	練	溫	_	温	
예 구:		5급Ⅱ	익힐 련:		5급Ⅱ	따뜻할 온		6급	
國	_	国	禮	_	礼	遠	_	遠	
나라 국		8급	예도 례:		6급	멀 원:		6급	
氣	_	気	勞	_	労	醫	_	医	
기운 기		7급Ⅱ	일할 로		5급Ⅱ	의원 의		6급	
團	_	団	萬	_	万	者	_	者	
둥글 단		5급Ⅱ	일만 만		8급	놈 자		6급	
當	_	当	發	_	発	傳	_	伝	
마땅 당		5급Ⅱ	필 발		6급Ⅱ	전할 전		5급Ⅱ	
對	_	対	變	_	変	戰	_	战, 戦	
대할 대:		6급Ⅱ	변할 변:		5급Ⅱ	싸움 전:		6급Ⅱ	
德	_	徳				節	_	節	
큰 덕		5급Ⅱ				마디 절		5급Ⅱ	

定	_	㝎
정할 정:		6급
卒	_	卆
마칠 졸		5급Ⅱ
晝	_	昼
낮 주		6급
質	_	质
바탕 질		5급Ⅱ
參	_	参
참여할 참/ 석 삼		5급Ⅱ
體	_	体
몸 체		6급Ⅱ
學	_	学
배울 학		8급
號	_	号
이름 호(:)		6급
畫	_	画
그림 화: 그을 획(劃)		6급
會	_	会
모일 회:		6급Ⅱ
效	_	効
본받을 효		5급Ⅱ

한자능력검정시험

5급II 예상문제 (1~9회)

- 예상문제(1~9회)
- 정답(72p~74p)

→ 본 예상문제는 수험생들의 기억에 의하여 재생된 기출문제를 토대로 분석하고 연구하여 만든 문제입니다.

제1회

(社) 한국어문회 주관·한국한자능력검정회 시행

한자능력검정시험 5급Ⅱ 예상문제

문 항 수 : 100문항
합격문항 : 70문항
제한시간 : 50분

01 다음 밑줄 친 漢字語의 讀音을 쓰세요. (1~35)

1 敬愛하는 국민 여러분! [   ]

2 團結합시다. [   ]

3 變化를 두려워하지 맙시다. [   ]

4 너에게 反感이 없다. [   ]

5 너와는 相關 없는 일이다. [   ]

6 傳說 따라 삼천리. [   ]

7 그 말은 法典에 적혀있다. [   ]

8 날마다 訓練이 너무 고되다. [   ]

9 장관을 歷任한 우리 아버지. [   ]

10 過勞로 사흘을 쉬었다. [   ]

11 廣告가 너무 많아 혼란스럽다. [   ]

12 나는 決死 반대한다. [   ]

13 일찍 到着하여 기다리다. [   ]

14 그 말씀은 客觀적으로 옳다. [   ]

15 海外에서 고국을 생각한다. [   ]

16 約束을 어겨 본 일이 없다. [   ]

17 性質이 매우 온순하다. [   ]

18 商店에 있는 물건들. [   ]

19 價格도 너무 비싸다. [   ]

20 雲集한 군중이 100만 명이다. [   ]

21 요즘은 남자도 育兒를 한다. [   ]

22 우리의 宿命을 생각해 본다. [   ]

23 順番을 기다려 앉아야 한다. [   ]

24 流行만 따르지 않는다. [   ]

25 財産이 너무 많아도 걱정이다. [   ]

26 해로보다 陸路가 안전하다. [   ]

27 洗手하고 아침을 먹는다. [   ]

28 兵士들은 군의 중추다. [   ]

29 當局에서 발표한 일이다. [   ]

30 이 약은 감기에 效能이 없다. [   ]

31 그 일은 念頭에 두지 않는다. [   ]

32 우리 스승님은 德望이 높다. [   ]

33 奉仕를 자원하였다. [   ]

34 환자는 용케 意識을 되찾았다. [   ]

35 내 꿈은 首席으로 졸업하는 것이다. [   ]

02 다음 漢字의 訓과 音을 쓰세요. (36~58)

보기   字 → 글자 자

36 課 [   ]   **37** 具 [   ]

38 基 [   ]   **39** 信 [   ]

40 良 [   ]   **41** 品 [   ]

42 要 [   ]   **43** 以 [   ]

44 節 [   ]   **45** 責 [   ]

46 角 [   ]   **47** 飮 [   ]

48 己 [   ]   **49** 史 [   ]

50 臣 [   ]   **51** 元 [   ]

52 調 [   ]   **53** 充 [   ]

54 班 [   ]   **55** 材 [   ]

56 展 [   ]   **57** 鮮 [   ]

58 仙 [   ]

03 제시된 漢字와 뜻이 반대되는 漢字를 〈보기〉에서 찾아 넣어 글을 완성하세요. (59~61)

보기 | ① 親   ② 利   ③ 老   ④ 病
     | ⑤ 新   ⑥ 午   ⑦ 樂   ⑧ 衣

59 나와 그는 (   )害관계가 없다.

60 10년 동안을 타지에서 함께한 苦(   ).

61 어제 (   )舊 회장의 사무 인계가 있었다.

04 제시된 漢字와 뜻이 같은 漢字를 〈보기〉에서 찾아 넣어 글을 완성하세요. (62~64)

보기 | ① 明   ② 計   ③ 近   ④ 歌
     | ⑤ 年   ⑥ 春   ⑦ 數   ⑧ 定

62 국어보다 나는 算(　　)에 더 재미를 느낀다.

63 그는 언제나 (　　)朗하여 모두 좋아한다.

64 우리 할아버지 (　　)歲가 올해로 환갑이시다.

05 다음의 漢字語와 음이 같으면서, 풀이에 알맞은(다른 뜻의) 漢字語를 쓰세요. (65~67)

65 空洞 – (　　) : 둘 이상이 함께 함.

66 部族 – (　　) : 모자람

67 植樹 – (　　) : 먹는 물

06 다음 漢字語의 옳은 뜻을 가리세요. (68~70)

68 短身 : ① 홀몸 ② 키가 작음 ③ 짧은 글
[　　]

69 昨今 : ① 먼 옛날 ② 지나간 날 ③ 어제와 오늘
[　　]

70 風雨 : ① 세월 ② 날씨 ③ 비바람 [　　]

07 주어진 뜻과 같은 四字成語가 되게 (　　) 안에 알맞은 漢字를 넣으세요. (71~74)

71 남자 여자 사이에는 분별이 있어야 한다.
男女(　　)別

72 누구나 실물을 보면 가지고 싶은 욕심이 생긴다.
見物(　　)心

73 경치가 썩 좋은 때. 花朝(　　)夕

74 한 번 먹은 마음이 사흘을 가지 못한다.
作心(　　)日

08 다음 漢字의 略字(약자 : 획수를 줄인 漢字)를 쓰세요. (75~77)

75 發 [　　]　　**76** 體 [　　]

77 會 [　　]

09 다음 글 밑줄 친 漢字語를 漢字로 쓰세요. (78~97)

78 지구는 푸른 별이다. [　　]

79 가정은 누구에게나 가장 소중한 곳이다.
[　　]

80 각계의 유지들이 오셔서 격려해 주셨다.
[　　]

81 승리는 전술에 달렸다. [　　]

82 이 기계는 자동으로 움직인다. [　　]

83 용기가 없으면 바보가 된다. [　　]

84 우리 누이는 약과대학생. 나는 의과대학생.
[　　]

85 멀리 떠나간 벗에게 행운을 빈다. [　　]

86 듣던 대로 과연 아름다운 풍경이다. [　　]

87 광선이 어두운 곳을 비춘다. [　　]

88 우리 마을 이장님과 함께 저녁을 먹었다.
[　　]

89 그는 어려서부터 공부를 잘해 신동이란 별명을 얻었다. [　　]

90 글보다 도표가 이해하기 쉽다. [　　]

91 약소민족은 고난을 겪게 마련이다. [　　]

92 산촌 겨울의 백설 풍경이 참 아름답다.
[　　]

93 그가 이민 갔다는 것을 소문으로 들었다.
[　　]

94 고등교육을 받은 인구가 많은 나라. [　　]

95 조의를 표하는 반기를 달았다. [　　]

96 겨울방학이 좀 더 길었으면 좋겠다. [　　]

97 부모님은 시골에서 농사를 하신다. [　　]

10 다음 漢字의 짙게 표시한 획은 몇 번째 쓰는 획인지 〈보기〉에서 찾아 그 번호를 쓰세요. (98~100)

보기	① 첫 번째	② 두 번째
	③ 세 번째	④ 네 번째
	⑤ 다섯 번째	⑥ 여섯 번째
	⑦ 일곱 번째	⑧ 여덟 번째

98 堂 [　　]　　**99** 形 [　　]

100 用 [　　]

수험번호 □□□-□□-□□□□　　　**성명** □□□□□

생년월일 □□□□□□

※ 유성 싸인펜, 붉은색 필기구 사용 불가.

※ 답안지는 컴퓨터로 처리되므로 구기거나 더럽히지 마시고, 정답 칸 안에만 쓰십시오. 글씨가 채점란으로 들어오면 오답처리가 됩니다.

제　　회 전국한자능력검정시험 5급Ⅱ 답안지(1)　（시험시간 50분）

번호	정답	1검	2검	번호	정답	1검	2검	번호	정답	1검	2검
1				17				33			
2				18				34			
3				19				35			
4				20				36			
5				21				37			
6				22				38			
7				23				39			
8				24				40			
9				25				41			
10				26				42			
11				27				43			
12				28				44			
13				29				45			
14				30				46			
15				31				47			
16				32				48			

	감독위원	채점위원(1)		채점위원(2)		채점위원(3)	
	(서명)	(득점)	(서명)	(득점)	(서명)	(득점)	(서명)

※ 뒷면으로 이어짐

※ 답안지는 컴퓨터로 처리되므로 구기거나 더럽히지 마시고, 정답 칸 안에만 쓰십시오. 글씨가 채점란으로 들어오면 오답처리가 됩니다.

제   회 전국한자능력검정시험 5급Ⅱ 답안지(2)

번호	정답	1검	2검	번호	정답	1검	2검	번호	정답	1검	2검
	답 안 란	채점란			답 안 란	채점란			답 안 란	채점란	
49				67				85			
50				68				86			
51				69				87			
52				70				88			
53				71				89			
54				72				90			
55				73				91			
56				74				92			
57				75				93			
58				76				94			
59				77				95			
60				78				96			
61				79				97			
62				80				98			
63				81				99			
64				82				100			
65				83							
66				84							

(社) 한국어문회 주관 · 한국한자능력검정회 시행

한자능력검정시험 5급Ⅱ 예상문제

문 항 수 : 100문항
합격문항 : 70문항
제한시간 : 50분

① 다음 漢字의 音과 訓을 쓰세요. (1~35)

보기   字 → 글자 자

1 具 [ ]	2 偉 [ ]
3 朗 [ ]	4 己 [ ]
5 節 [ ]	6 臣 [ ]
7 害 [ ]	8 州 [ ]
9 良 [ ]	10 兒 [ ]
11 週 [ ]	12 念 [ ]
13 充 [ ]	14 流 [ ]
15 養 [ ]	16 雨 [ ]
17 凶 [ ]	18 效 [ ]
19 惡 [ ]	20 仙 [ ]
21 要 [ ]	22 雲 [ ]
23 首 [ ]	

② 다음 밑줄 친 漢字語의 讀音을 쓰세요. (24~58)

24 敬愛하는 국민 여러분. [   ]
25 우리 선생님은 德望있는 분이시다. [   ]
26 우리의 知識을 총동원하였다. [   ]
27 여행 가방에 洗面도구를 챙겨 넣었다. [   ]
28 그가 탄 비행기는 3시에 到着한다. [   ]
29 어떤 約束도 반드시 지킨다. [   ]
30 복부 切開 수술을 했다. [   ]
31 A와 B가 結合되다. [   ]
32 오늘은 내가 청소 當番이다. [   ]
33 傳說따라 삼천리. [   ]
34 通信이 두절되어 소식을 모른다. [   ]
35 우리의 友情이 변하지 않도록 노력하자. [   ]
36 우리 강아지는 性質이 까다롭다. [   ]
37 사려는 물건의 價格이 생각보다 비싸다. [   ]
38 신문마다 廣告가 너무 많다. [   ]

39 요 며칠 일기가 매우 順調롭다. [   ]
40 반만년 歷史는 오랜 세월이다. [   ]
41 나물에는 種類가 많다. [   ]
42 사회 奉仕 활동을 한 지도 20년이 넘어섰다. [   ]
43 이것은 商店에서 사고파는 물건이 아니다. [   ]
44 古典을 익히는 일은 어렵다. [   ]
45 責任을 다하는 사람이 돼야지. [   ]
46 財産은 많다고 좋은 것이 아니다. [   ]
47 陸路가 한 없이 멀다. [   ]
48 訓練을 거듭하면 안 될 것이 없다. [   ]
49 變化를 두려워하지 말라. [   ]
50 그는 말 參見이 너무 심하다. [   ]
51 元老의 생각을 듣는 것이 좋다. [   ]
52 그 일은 나와는 相關이 없다. [   ]
53 兵士가 중심이 되는 군대가 강하다. [   ]
54 勞動은 신성하다. [   ]
55 溫室에서 재배한 과일도 맛있다. [   ]
56 전철이 많아서 便利하다. [   ]
57 결혼식에 親族들이 다 모였다. [   ]
58 나는 2월 학교를 卒業했다. [   ]

③ 주어진 漢字와 뜻이 반대되는 漢字를 (   ) 안에 넣어 漢字語를 만드세요. (59~63)

59 (   )短   60 苦(   )

61 (   )舊

④ 다음 (   ) 안에 각각 알맞은 漢字를 〈보기〉에서 찾아 넣어 四字成語를 완성하세요. (62~64)

보기   ① 中   ② 手   ③ 生   ④ 綠
      ⑤ 心   ⑥ 足   ⑦ 每   ⑧ 木

62 作(   )三日 : 먹은 마음 사흘을 가지 못함.

63 自(   )成家 : 자기 혼자의 힘으로 집안을 일으킴.

64 九死一( ) : 죽을 고비를 여러 차례 넘기고
겨우 삶.

65 ( )水靑山 : 푸른 물 푸른 산.

05 다음 ( ) 안에 각각 뜻이 같은 漢字를 〈보기〉에서 찾아 넣어 漢字語를 만드세요. (66~68)

보기	① 度	② 反	③ 行	④ 年
	⑤ 幸	⑥ 半		

66 ( )省   67 ( )福

68 ( )歲

06 다음 각 漢字語와 흡은 같으나, 주어진 뜻풀이에 맞는 다른 漢字語를 쓰세요. (69~71)

69 空洞 – ( ) 두 사람 이상이 함께 함.

70 公使 – ( ) 토목·건축 등에 관한 일

71 明文 – ( ) 이름난 가문

07 다음 漢字語의 뜻을 쓰세요. (72~74)

72 過客 [ ]

73 獨學 [ ]

74 必勝 [ ]

08 다음 漢字의 약자(略字 : 획수를 줄인 漢字)를 쓰세요. (75~77)

75 來 [ ]   76 畫 [ ]

77 會 [ ]

09 다음 글의 밑줄 친 漢字語를 漢字로 쓰세요. (78~97)

78 계산은 언제나 정확해야 한다. [ ]

79 인간은 고등동물이다. [ ]

80 인천상륙작전을 한 해병대의 전공을 기리다.
[ ]

81 할아버지 춘추가 올해로 팔순이시다. [ ]

82 우주에서 본 지구는 푸른 별이란다. [ ]

83 나머지 문제는 금후 우리가 해결해야 할 과제
이다. [ ]

84 시급히 해결해야 할 문제가 많다. [ ]

85 우리 아버지는 옛날 서당에서 한문 공부를 하
셨다. [ ]

86 선대가 우리에게 남기신 유훈을 새겨야 한다.
[ ]

87 입동이 지났는데 날씨는 아직 따뜻하다. [ ]

88 그런 용기도 없이 무슨 일을 해. [ ]

89 겨울 밤 할머니가 들려주시던 동화가 생각난다.
[ ]

90 지금 출발해야 기차를 탄다. [ ]

91 농림업은 1차 산업에 속한다. [ ]

92 교기를 앞세우고 입장하는 우리 선수들이 자랑
스럽다. [ ]

93 그가 이민을 갔다는 소문이 들렸다. [ ]

94 한 동안 많이 먹었더니 체중이 늘었다. [ ]

95 백설이 휘날리는 서울 거리를 걸었다. [ ]

96 우리 모임에서는 매달 회보를 천부씩 발행한다.
[ ]

97 식음을 전폐하다시피 했던 한검 공부. 마침내
합격! [ ]

10 다음 漢字의 짙게 표시한 획은 몇 번째 쓰는 획인지 〈보기〉에서 찾아 그 번호를 쓰세요. (98~100)

보기	① 첫 번째	② 두 번째
	③ 세 번째	④ 네 번째
	⑤ 다섯 번째	⑥ 여섯 번째
	⑦ 일곱 번째	⑧ 여덟 번째
	⑨ 아홉 번째	⑩ 열 번째
	⑪ 열한 번째	⑫ 열두 번째

98 筆 [ ]   99 害 [ ]

100 番 [ ]

수험번호 □□□-□□-□□□□　　　성명 □□□□□

생년월일 □□□□□□

※ 유성 싸인펜, 붉은색 필기구 사용 불가.

※ 답안지는 컴퓨터로 처리되므로 구기거나 더럽히지 마시고, 정답 칸 안에만 쓰십시오. 글씨가 채점란으로 들어오면 오답처리가 됩니다.

제　회 전국한자능력검정시험 5급Ⅱ 답안지(1)　(시험시간 50분)

번호	정답	1검	2검	번호	정답	1검	2검	번호	정답	1검	2검
1				17				33			
2				18				34			
3				19				35			
4				20				36			
5				21				37			
6				22				38			
7				23				39			
8				24				40			
9				25				41			
10				26				42			
11				27				43			
12				28				44			
13				29				45			
14				30				46			
15				31				47			
16				32				48			

	감독위원	채점위원(1)		채점위원(2)		채점위원(3)	
	(서명)	(득점)	(서명)	(득점)	(서명)	(득점)	(서명)

※ 뒷면으로 이어짐

※ 답안지는 컴퓨터로 처리되므로 구기거나 더럽히지 마시고, 정답 칸 안에만 쓰십시오. 글씨가 채점란으로 들어오면 오답처리가 됩니다.

제　　회 전국한자능력검정시험 5급Ⅱ 답안지(2)

번호	정답	1검	2검	번호	정답	1검	2검	번호	정답	1검	2검
49				67				85			
50				68				86			
51				69				87			
52				70				88			
53				71				89			
54				72				90			
55				73				91			
56				74				92			
57				75				93			
58				76				94			
59				77				95			
60				78				96			
61				79				97			
62				80				98			
63				81				99			
64				82				100			
65				83							
66				84							

01 다음 밑줄 친 漢字語의 讀音을 쓰세요. (1~35)

1 공항에는 旅客들이 붐빈다. [　　]

2 교장 선생님은 見識이 높으시다. [　　]

3 새로운 정보화 시대가 到來했다. [　　]

4 화질이 鮮明하다. [　　]

5 강연장에 雲集한 사람들로 북새통을 이룬다.
[　　]

6 古參에 대한 예의를 갖추자. [　　]

7 직원들은 모두 社宅에서 생활한다. [　　]

8 너무 過勞하면 많은 일을 할 수 없다. [　　]

9 道德은 우리의 생활 규범이다. [　　]

10 그분은 여러 장관을 두루 歷任하셨다. [　　]

11 삼촌은 部品을 공급하는 중소기업에서 일한다.
[　　]

12 날마다 洗手를 한다. [　　]

13 우리 형님은 法典을 공부한다. [　　]

14 우리는 서로의 일에 相關하지 않는다. [　　]

15 작년은 類例 없이 추웠던 겨울이었다. [　　]

16 비행기는 3시에 着陸했다. [　　]

17 우렁이가 각시로 變身하였다. [　　]

18 사납던 개가 그 사람 앞에서는 良順해진다.
[　　]

19 눈앞에 황홀한 경치가 展開되었다. [　　]

20 너처럼 親切한 사람은 없다. [　　]

21 적의 卒兵들이 포로로 잡혔다. [　　]

22 이 영화는 미래의 우주를 實感나게 잘 표현하였다.
[　　]

23 兒童 교육에 힘쓰자. [　　]

24 廣告가 너무 요란하다. [　　]

25 基本이 갖추어져야 질서가 선다. [　　]

26 심청이는 소경 아버지를 奉養하였다. [　　]

27 財産은 너무 많아도 문제다. [　　]

28 雨衣를 걸치고 비 오는 거리로 달려나갔다.
[　　]

29 토요일에는 그 週間의 일들을 정리한다. [　　]

30 적의 凶計에 넘어가지 않도록 주의를 기울였다.
[　　]

31 史記는 읽는 사람에게 교훈을 준다. [　　]

32 이 약은 두통에 뛰어난 效能을 지녔다고 한다.
[　　]

33 그의 가슴속에는 성공에 대한 野望이 불타고
있다. [　　]

34 에너지 節約으로 환경을 지키자. [　　]

35 교통 법규 위반 차량에 대한 團束이 강화되었다.
[　　]

02 다음 漢字의 訓과 音을 쓰세요. (36~58)

보기	字 → 글자 자

36 價 [　　]　　37 番 [　　]

38 宿 [　　]　　39 觀 [　　]

40 念 [　　]　　41 仕 [　　]

42 席 [　　]　　43 獨 [　　]

44 育 [　　]　　45 結 [　　]

46 特 [　　]　　47 惡 [　　]

48 敬 [　　]　　49 要 [　　]

50 朗 [　　]　　51 商 [　　]

52 的 [　　]　　53 速 [　　]

54 神 [　　]　　55 舊 [　　]

56 具 [　　]　　57 首 [　　]

58 消 [　　]

03 다음 밑줄 친 단어를 漢字로 쓰세요. (59~78)

59 <u>세계</u>로 뻗어나가는 나라의 힘. [   ]

60 <u>현대</u>를 사는 데 필요한 정보 지식. [   ]

61 <u>사리</u>를 분별할 줄 아는 사람이 되어야 한다.
[   ]

62 하루 세 번 나를 <u>반성</u>하라 했다. [   ]

63 외국에 나가 <u>성공</u>한 사람의 얘기를 들었다.
[   ]

64 그와 나는 중학교 <u>동창</u>이다. [   ]

65 4시에 출발하는 <u>전차</u>를 탔다. [   ]

66 우리 마을에 전하는 <u>농악</u> 놀이. [   ]

67 전학 간 친구에게 안부 <u>편지</u>를 썼다. [   ]

68 날이 어두워지니 사물의 <u>형체</u>를 알아보기 어렵다.
[   ]

69 인간관계에서는 <u>신용</u>이 제일. [   ]

70 멀리 떠나는 그의 <u>행운</u>을 빈다. [   ]

71 산 속 우리 마을에서는 <u>약초</u>를 많이 캔다.
[   ]

72 어제 오늘을 <u>작금</u>이라 한다. [   ]

73 우리 할아버지 머리는 <u>반백</u>이시다. [   ]

74 <u>용기</u>가 있어야 성공한다. [   ]

75 온 세상이 <u>화평</u>하게 지냈으면 좋겠다. [   ]

76 모든 <u>음식</u>은 맛있게 먹어야 한다. [   ]

77 겨울에 웅크리기 보다는 야외 <u>활동</u>을 통해 건강을 지킨다. [   ]

78 <u>전술</u>이 뛰어나야 승리한다. [   ]

04 다음 (   ) 안에 각각 뜻이 반대 또는 상대되는 글자를 〈보기〉에서 찾아, 널리 쓰이는 단어가 되게 번호를 쓰세요. (79~81)

보기	① 小	② 大	③ 長	④ 失
	⑤ 主	⑥ 少	⑦ 入	⑧ 有

79 老(   )   80 (   )短

81 出(   )

05 다음 (   ) 안에 〈보기〉에서 적절한 글자를 찾아 넣어 사자성어를 완성하세요. (82~85)

보기	① 夏	② 朝	③ 局	④ 流
	⑤ 春	⑥ 友	⑦ 合	⑧ 習
	⑨ 書	⑩ 作	⑪ 中	⑫ 士

82 花(   )月夕   83 靑山(   )水

84 (   )心三日   85 四面(   )風

06 다음 漢字와 뜻이 같은 漢字를 〈보기〉에서 찾아, 그 번호를 쓰세요. (86~88)

보기	① 當	② 地	③ 工	④ 通
	⑤ 筆	⑥ 歲	⑦ 直	⑧ 各

86 그는 正(   )한 사람이다.

87 土(   )가 매우 넓다.

88 우리 아버지 年(   )는 55.

07 다음 漢字語와 흡이 같으면서 표시된 뜻과 다른 漢字語를 〈보기〉에서 찾아 그 번호를 쓰세요. (89~91)

보기	① 前科	② 苦待	③ 果樹	④ 時調
	⑤ 知力	⑥ 遠路	⑦ 弟子	⑧ 文章

89 全課 – (   ) : 죄를 지어 받은 형벌의 전력

90 始祖 – (   ) : 우리나라 고유의 정형시.

91 題字 – (   ) : 스승으로부터 가르침을 받은 사람.

08 다음 뜻에 맞는 漢字語를 〈보기〉에서 찾아 그 번호를 적으세요. (92~93)

보기	① 問責	② 說服	③ 使臣	④ 名言
	⑤ 所聞	⑥ 放火	⑦ 充足	⑧ 說話

92 알아듣도록 말하여 자기 의견에 따르게 하다.
[   ]

93 사람들의 입에 오르내려 퍼진 말. [   ]

94 일부러 불을 지르는 일. [   ]

09 다음 漢字의 약자(略字 : 획수를 줄인 漢字)를 쓰세요. (95~97)

95 對 (   )　　　96 圖 (   )

97 會 (   )

10 다음 漢字의 짙게 표시한 획은 몇 번째 쓰는 획인지 〈보기〉에서 찾아 그 번호를 쓰세요. (98~100)

보기	① 첫 번째	② 두 번째
	③ 세 번째	④ 네 번째
	⑤ 다섯 번째	⑥ 여섯 번째
	⑦ 일곱 번째	⑧ 여덟 번째
	⑨ 아홉 번째	⑩ 열 번째
	⑪ 열한 번째	⑫ 열두 번째

98
問 [   ]

99
登 [   ]

100
業 [   ]

수험번호 □□□-□□-□□□□　　　**성명** □□□□□

생년월일 □□□□□□　　　※ 유성 싸인펜, 붉은색 필기구 사용 불가.

※ 답안지는 컴퓨터로 처리되므로 구기거나 더럽히지 마시고, 정답 칸 안에만 쓰십시오. 글씨가 채점란으로 들어오면 오답처리가 됩니다.

제　　회 전국한자능력검정시험 5급Ⅱ 답안지(1)　　(시험시간 50분)

답 안 란		채점란		답 안 란		채점란		답 안 란		채점란	
번호	정답	1검	2검	번호	정답	1검	2검	번호	정답	1검	2검
1				17				33			
2				18				34			
3				19				35			
4				20				36			
5				21				37			
6				22				38			
7				23				39			
8				24				40			
9				25				41			
10				26				42			
11				27				43			
12				28				44			
13				29				45			
14				30				46			
15				31				47			
16				32				48			

	감독위원	채점위원(1)		채점위원(2)		채점위원(3)	
	(서명)	(득점)	(서명)	(득점)	(서명)	(득점)	(서명)

※ 뒷면으로 이어짐

※ 답안지는 컴퓨터로 처리되므로 구기거나 더럽히지 마시고, 정답 칸 안에만 쓰십시오. 글씨가 채점란으로 들어오면 오답처리가 됩니다.

제   회 전국한자능력검정시험 5급Ⅱ 답안지(2)

번호	정답	1검	2검	번호	정답	1검	2검	번호	정답	1검	2검
49				67				85			
50				68				86			
51				69				87			
52				70				88			
53				71				89			
54				72				90			
55				73				91			
56				74				92			
57				75				93			
58				76				94			
59				77				95			
60				78				96			
61				79				97			
62				80				98			
63				81				99			
64				82				100			
65				83							
66				84							

제4회

(社) 한국어문회 주관·한국한자능력검정회 시행

한자능력검정시험 5급 Ⅱ 예상문제

문 항 수 : 100문항
합격문항 : 70문항
제한시간 : 50분

01 다음 밑줄 친 漢字語의 讀音을 쓰세요. (1~35)

1 그들은 敬愛와 신뢰를 바탕으로 우정을 다져 왔다. [   ]

2 설을 쇠는 것을 過歲라고 한다. [   ]

3 陸路와 수로를 가리지 않고 달려왔다. [   ]

4 기다리던 서류가 到着했다. [   ]

5 그의 연기가 觀客들의 심금을 울렸다. [   ]

6 수많은 군중이 광장 앞에 雲集하였다. [   ]

7 대학을 卒業하고 대학원에 진학하였다. [   ]

8 그의 희생이 社會에 기여한 바가 크다. [   ]

9 그 商店에는 좋은 상품들이 많다. [   ]

10 새 옷을 싼 價格에 샀다. [   ]

11 어머니의 사랑은 무엇보다 偉大하다. [   ]

12 내각의 우두머리를 首相이라고 한다. [   ]

13 일출을 바라보며 所望을 빌었다. [   ]

14 古典을 읽고 교양을 쌓는다. [   ]

15 책장에는 良書들로 가득했다. [   ]

16 좋은 책을 가려 읽는 能力도 필요하다. [   ]

17 배는 順調로운 항해를 시작했다. [   ]

18 유난히 強雨가 많은 여름이다. [   ]

19 전철을 갈아탈 必要는 없다. [   ]

20 먼저 宿食할 곳을 찾아보았다. [   ]

21 洗車하기 딱 좋은 날씨다. [   ]

22 利害만을 따진다면 친구가 될 수 없다. [   ]

23 자유에는 責任이 따른다. [   ]

24 그 장군은 用兵에 능했다. [   ]

25 우리 반의 級訓은 정직이다. [   ]

26 이 사업은 관계 當局의 승인을 받아야 한다. [   ]

27 정부는 복지에 대한 基本 정책을 발표하였다. [   ]

28 쓸데없는 參見을 말아야 한다. [   ]

29 우리 집안의 法度는 엄격한 편이다. [   ]

30 節電을 생활화해야 한다. [   ]

31 類例없는 가뭄을 무사히 넘겼다. [   ]

32 兒童 용품은 안전을 최우선으로 해야 한다. [   ]

33 할머니께서 어린 우리들을 養育하셨다. [   ]

34 題目만 보고도 책의 내용을 알 것 같다. [   ]

35 工團 지역의 공기 오염이 심각하다. [   ]

02 다음 漢字의 訓과 音을 쓰세요. (36~58)

보기	國 → 나라 국

36 旅 [   ]   37 關 [   ]

38 廣 [   ]   39 速 [   ]

40 球 [   ]   41 具 [   ]

42 獨 [   ]   43 習 [   ]

44 知 [   ]   45 信 [   ]

46 念 [   ]   47 術 [   ]

48 變 [   ]   49 效 [   ]

50 消 [   ]   51 種 [   ]

52 奉 [   ]   53 産 [   ]

54 財 [   ]   55 鮮 [   ]

56 性 [   ]   57 充 [   ]

58 質 [   ]

03 다음 밑줄 친 단어를 漢字로 쓰세요. (59~73)

59 해가 지자 각자 자기들 집으로 돌아갔다.
[   ]

60 그는 숫자 계산이 느린 편이다. [   ]

61 경쟁력 강화를 위한 대책이 시급하다. [   ]

62 아리랑이 세계문화유산으로 등재되었다.
[   ]

63 우리 학교가 전국 중등 야구 대회에서 우승하였다. [   ]

64 시에서는 공공의 사업을 통해 일자리를 만들어낸다. [   ]

65 그는 한평생 부귀와 공명을 누렸다. [   ]

66 과학이 발달하면서 생활이 많이 편리해졌다.
[   ]

67 창문을 통해 눈부신 아침 햇살이 쏟아져 들어온다.
[   ]

68 태양 광선이 눈부시다. [   ]

69 그는 배구선수들 중에서 단신에 속하는 편이다.
[   ]

70 나쁜 생활습관은 빨리 고칠수록 좋다. [   ]

71 어린 시절 마음껏 뛰어놀던 교정이 그립니다.
[   ]

72 늘 행운과 함께 하시길 빕니다. [   ]

73 신문은 漢字를 함께 써야 정확한 뜻을 전달할수 있다. [   ]

04 다음 訓과 音의 漢字를 쓰세요. (74~78)

보기	아홉 구 → 九

74 뿔 각 [   ]

75 마실 음 [   ]

76 나눌 반 [   ]

77 눈 설 [   ]

78 겉 표 [   ]

05 다음 ( ) 안에 각각 뜻이 반대되는 글자를 〈보기〉에서 찾아, 문맥에 맞는 단어가 되게 번호를 쓰세요. (79~81)

보기	① 小 ② 夕 ③ 口 ④ 少 ⑤ 朝 ⑥ 入 ⑦ 晝 ⑧ 行

79 老( )가 함께 즐기는 놀이

80 군부대는 出( )이 자유롭지 못하다.

81 ( )夜로 달리는 시내 지하철

06 다음 ( ) 안에 각각 뜻이 같은 漢字를 〈보기〉에서 찾아, 문맥에 맞는 단어가 되게 번호를 쓰세요. (82~84)

보기	① 風 ② 家 ③ 敎 ④ 安 ⑤ 交 ⑥ 土 ⑦ 平 ⑧ 和

82 ( )宅 침입한 좀도둑

83 넓은 ( )地를 사서 집을 짓는다.

84 便( )한 생활을 하는 사람

07 다음 漢字語와 음이 같으면서 뜻이 다른 단어를 〈보기〉에서 찾아 그 번호를 쓰세요. (85~87)

보기	① 全圖 ② 失禮 ③ 正式 ④ 情事 ⑤ 士氣 ⑥ 手話 ⑦ 戰火 ⑧ 始祖

85 定植 - ( ) : 정당한 격식이나 의식

86 史記 - ( ) : 굽힐 줄 모르는 기세

87 傳道 - ( ) : 전체를 그린 그림

08 다음 漢字語의 뜻을 쓰세요. (88~90)

88 告別 [   ]

89 意外 [   ]

90 果實 [   ]

09 다음 ( ) 안에 알맞은 글자를 〈보기〉에서 찾아 넣어 四字成語(사자성어)를 완성하세요. (91~94)

보기	① 結	② 在	③ 年	④ 決
	⑤ 木	⑥ 綠	⑦ 日	⑧ 上
	⑨ 月			

91 ( )死反對

92 人命( )天

93 作心三( )

94 草( )同色

10 다음 漢字의 略字(약자)를 쓰세요. (95~97)

보기	學 → 学

95 樂 [   ]

96 體 [   ]

97 發 [   ]

11 다음 漢字의 짙게 표시한 획은 몇 번째 쓰는 획인지 〈보기〉에서 찾아 그 번호를 쓰세요. (98~100)

보기	① 첫 번째	② 두 번째
	③ 세 번째	④ 네 번째
	⑤ 다섯 번째	⑥ 여섯 번째
	⑦ 일곱 번째	⑧ 여덟 번째
	⑨ 아홉 번째	⑩ 열 번째

98
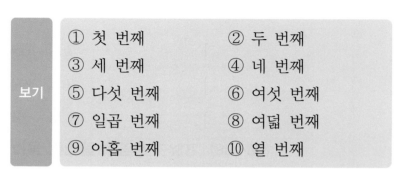
[   ]

99

[   ]

100

[   ]

수험번호 □□□-□□-□□□□　　　　성명 □□□□□

생년월일 □□□□□□

※ 유성 싸인펜, 붉은색 필기구 사용 불가.

※ 답안지는 컴퓨터로 처리되므로 구기거나 더럽히지 마시고, 정답 칸 안에만 쓰십시오. 글씨가 채점란으로 들어오면 오답처리가 됩니다.

제　　회 전국한자능력검정시험 5급Ⅱ 답안지(1)　（시험시간 50분）

번호	정답	1검	2검	번호	정답	1검	2검	번호	정답	1검	2검
1				17				33			
2				18				34			
3				19				35			
4				20				36			
5				21				37			
6				22				38			
7				23				39			
8				24				40			
9				25				41			
10				26				42			
11				27				43			
12				28				44			
13				29				45			
14				30				46			
15				31				47			
16				32				48			

	감독위원	채점위원(1)		채점위원(2)		채점위원(3)	
	(서명)	(득점)	(서명)	(득점)	(서명)	(득점)	(서명)

※ 뒷면으로 이어짐

※ 답안지는 컴퓨터로 처리되므로 구기거나 더럽히지 마시고, 정답 칸 안에만 쓰십시오. 글씨가 채점란으로 들어오면 오답처리가 됩니다.

제   회 전국한자능력검정시험 5급Ⅱ 답안지(2)

번호	정답	1검	2검	번호	정답	1검	2검	번호	정답	1검	2검
49				67				85			
50				68				86			
51				69				87			
52				70				88			
53				71				89			
54				72				90			
55				73				91			
56				74				92			
57				75				93			
58				76				94			
59				77				95			
60				78				96			
61				79				97			
62				80				98			
63				81				99			
64				82				100			
65				83							
66				84							

01 다음 밑줄 친 漢字語의 讀音을 쓰세요. (1~35)

1 골목마다 <u>商店</u>이 들어섰다. [   ]

2 허위 과장 <u>廣告</u>는 처벌 대상이다. [   ]

3 상품을 고를 때는 무엇보다 <u>品質</u>을 먼저 따져야 한다. [   ]

4 <u>價格</u>이 싸다고 모든 상품의 질이 떨어지는 것은 아니다. [   ]

5 문화재는 인류의 공동 <u>財産</u>이다. [   ]

6 출생률이 낮아 <u>兒童</u>들의 수가 점점 줄고 있다. [   ]

7 자기 <u>感情</u>을 잘 다스릴 수 있어야 한다. [   ]

8 인간은 자연과 <u>調和</u>를 이루며 살아간다. [   ]

9 시간이 늦어 부리나케 <u>洗手</u>만 하고 나갔다. [   ]

10 오늘 하루도 <u>充實</u>하게 보냈다. [   ]

11 <u>史記</u>를 통해 선조들의 지혜를 얻을 수 있다. [   ]

12 우리는 서로 <u>面識</u>이 있다. [   ]

13 <u>良藥</u>은 입에 쓰고 좋은 말은 귀에 거슬리는 법이다. [   ]

14 이번 판결은 <u>法典</u>에 기초한 것이다. [   ]

15 굳건한 <u>信念</u>이 성공을 부른다. [   ]

16 우리나라는 대통령을 정부의 <u>首班</u>으로 한다. [   ]

17 할아버지께서는 학교장을 <u>歷任</u>한 교육자이시다. [   ]

18 우리 고장 출신의 <u>偉大</u>한 인물들을 조사하였다. [   ]

19 그는 국민들이 신뢰하는 <u>德望</u>있는 지도자다. [   ]

20 그에게로 모든 시선이 <u>集中</u>되었다. [   ]

21 철도를 놓아 새로운 <u>陸路</u>를 개척하였다. [   ]

22 교통이 막혀 제 때 <u>到着</u>할 수 있을지 걱정이다. [   ]

23 앞서 달리던 차가 갑자기 <u>速度</u>를 낮추었다. [   ]

24 원산지 표시 위반에 대한 <u>團束</u>이 강화된다. [   ]

25 직원 모두 회의에 <u>參席</u>할 예정이다. [   ]

26 양 팀의 공방전은 <u>觀戰</u>하는 사람의 손에 땀을 쥐게 하였다. [   ]

27 소녀는 <u>明朗</u>하고 활달한 아이였다. [   ]

28 과도한 <u>親切</u>은 오히려 부담스러울 때가 있다. [   ]

29 삼촌은 기숙사에서 <u>宿食</u>을 해결한다. [   ]

30 우리 마을엔 연못에 얽힌 <u>傳說</u>이 전해 온다. [   ]

31 추위에도 불구하고 <u>類例</u>없는 인파가 광장에 모여 들었다. [   ]

32 폭설로 강원도 산골이 <u>雪害</u>를 많이 입었다고 한다. [   ]

33 언어는 사람의 생각과 감정을 가장 잘 전달할 수 있는 <u>道具</u>이다. [   ]

34 감기약을 먹었는데도 <u>效能</u>이 없다. [   ]

35 집안의 대소사를 <u>決定</u>하기 위해 매월 형제들이 모인다. [   ]

02 다음 漢字의 訓과 音을 쓰세요. (36~58)

36 見 [   ]   37 流 [   ]

38 的 [   ]   39 週 [   ]

40 仕 [   ]　　41 要 [   ]

42 基 [   ]　　43 友 [   ]

44 獨 [   ]　　45 兵 [   ]

46 仙 [   ]　　47 雨 [   ]

48 必 [   ]　　49 鮮 [   ]

50 臣 [   ]　　51 元 [   ]

52 卒 [   ]　　53 惡 [   ]

54 以 [   ]　　55 勞 [   ]

56 州 [   ]　　57 化 [   ]

58 順 [   ]

03 다음 밑줄 친 단어를 漢字로 쓰세요. (59~73)

59 현대를 정보화 시대라고 지칭하기도 한다.
[   ]

60 아이는 늘 미지의 세계를 꿈꾸었다. [   ]

61 수학은 특히 내가 좋아하는 과목이다. [   ]

62 범인은 죄를 자백하고 잘못을 뉘우쳤다.
[   ]

63 에디슨은 전구의 발명가로도 잘 알려져 있다.
[   ]

64 장학생 명단이 신문에 공고되었다. [   ]

65 경기가 나빠 모두들 생계가 어렵다고들 한다.
[   ]

66 그는 국가 발전의 유공을 인정받았다. [   ]

67 오월은 가정의 달이다. [   ]

68 네가 하는 일마다 행운이 따랐으면 좋겠다.
[   ]

69 할아버지께서는 서당에서 글공부를 하셨다.
[   ]

70 시간이 갈수록 사회는 다양해지고 복잡해진다.
[   ]

71 일기 쓰기는 그날을 반성하고 더 좋은 날을 맞
기 위한 계기가 된다. [   ]

72 위풍당당한 국군 용사들이 행진을 한다. [   ]

73 한여름에는 직사광선에 직접 노출되지 않도록
한다. [   ]

04 다음 訓과 音의 漢字를 쓰세요. (74~78)

74 뿔 각 [   ]

75 놓을 방 [   ]

76 겉 표 [   ]

77 비로소 시 [   ]

78 바람 풍 [   ]

05 다음 漢字와 뜻이 같거나 비슷한 漢字를 〈보기〉에서 찾아 漢字語를 이루세요. (79~81)

보기	① 式	② 體	③ 油	④ 樂
	⑤ 事	⑥ 安	⑦ 里	⑧ 果
	⑨ 本			

79 歌(　)을 즐긴다.

80 운동으로 단련한 身(　)

81 집안이 平(　)하다.

06 다음 (　) 안에 각각 뜻이 반대되는 漢字를 〈보기〉에서 찾아 자주 쓰는 漢字語가 되게 하세요. (82~84)

보기	① 晝	② 美	③ 少	④ 番
	⑤ 永	⑥ 前	⑦ 近	⑧ 多

82 (　)夜로 사람이 왕래한다.

83 老(　)가 함께 즐기다.

84 (　)後 사정을 알지 못한다.

07 다음 漢字語의 뜻을 쓰세요. (85~87)

85 命名 [   ]

86 住宅 [   ]

87 過失 [   ]

08 다음의 뜻을 가진 同音語를 〈보기〉에서 찾으세요.
(88~90)

보기	① 紙旗 ② 知己 ③ 靑天 ④ 靑川
	⑤ 不在 ⑥ 第子 ⑦ 朝野 ⑧ 弟子

88 地氣 – ( ) : 친한 벗

89 淸川 – ( ) : 푸른 하늘

90 題字 – ( ) : 스승으로부터 가르침 받은 사람

09 다음 ( ) 안에 알맞은 글자를 〈보기〉에서 찾아 넣어 四字成語(사자성어)를 완성하세요. (91~94)

보기	① 高 ② 衣 ③ 相 ④ 月
	⑤ 綠 ⑥ 古 ⑦ 下 ⑧ 日
	⑨ 直 ⑩ 苦

91 東西( )今

92 草( )同色

93 教學( )長

94 作心三( )

10 다음 漢字의 略字(약자 : 획을 줄인 漢字)를 쓰세요.
(95~97)

95 讀 [   ]   96 發 [   ]

97 圖 [   ]

11 다음 漢字의 짙게 표시한 획은 몇 번째 쓰는 획인지 〈보기〉에서 찾아 그 번호를 쓰세요. (98~100)

보기	① 첫 번째 ② 두 번째
	③ 세 번째 ④ 네 번째
	⑤ 다섯 번째 ⑥ 여섯 번째
	⑦ 일곱 번째 ⑧ 여덟 번째
	⑨ 아홉 번째 ⑩ 열 번째

98   [   ]

99   [   ]

100   [   ]

수험번호 □□□－□□－□□□□　　　성명 □□□□□

생년월일 □□□□□□

※ 유성 싸인펜, 붉은색 필기구 사용 불가.

※ 답안지는 컴퓨터로 처리되므로 구기거나 더럽히지 마시고, 정답 칸 안에만 쓰십시오. 글씨가 채점란으로 들어오면 오답처리가 됩니다.

제　　회 전국한자능력검정시험 5급Ⅱ 답안지(1)　(시험시간 50분)

번호	정답	1검	2검	번호	정답	1검	2검	번호	정답	1검	2검
1				17				33			
2				18				34			
3				19				35			
4				20				36			
5				21				37			
6				22				38			
7				23				39			
8				24				40			
9				25				41			
10				26				42			
11				27				43			
12				28				44			
13				29				45			
14				30				46			
15				31				47			
16				32				48			

감독위원	채점위원(1)		채점위원(2)		채점위원(3)	
(서명)	(득점)	(서명)	(득점)	(서명)	(득점)	(서명)

수험번호 □□□□-□□-□□□□   성명 □□□□

생년월일 □□□□□□

※ 답안지는 컴퓨터로 처리되므로 구기거나 더럽히지 마시고, 정답 칸 안에만 쓰십시오. 글씨가 채점란으로 들어오면 오답처리가 됩니다.

※ 성명 한글로, 불분명한 답안은 오답 처리.

제 전국한자능력검정시험 5급Ⅱ 답안지(1) (시험시간 50분)

번호	답안란 정답	채점란 1검 2검	번호	답안란 정답	채점란 1검 2검	번호	답안란 정답	채점란 1검 2검
1			17			33		
2			18			34		
3			19			35		
4			20			36		
5			21			37		
6			22			38		
7			23			39		
8			24			40		
9			25			41		
10			26			42		
11			27			43		
12			28			44		
13			29			45		
14			30			46		
15			31			47		
16			32			48		

감독위원	채점위원(1)	채점위원(2)	채점위원(3)
(서명)	(득점) (서명)	(득점) (서명)	(득점) (서명)

※ 뒷면으로 이어짐

제4회
(社) 한국어문회 주관·한국한자능력검정회 시행
한자능력검정시험 5급Ⅱ 예상문제
문 항 수 : 100문항
합격문항 : 70문항
제한시간 : 50분

01 다음 밑줄 친 漢字語의 讀音을 쓰세요. (1~35)

1 그들은 <u>敬愛</u>와 신뢰를 바탕으로 우정을 다져 왔다. [   ]

2 설을 쇠는 것을 <u>過歲</u>라고 한다. [   ]

3 <u>陸路</u>와 수로를 가리지 않고 달려왔다. [   ]

4 기다리던 서류가 <u>到着</u>했다. [   ]

5 그의 연기가 <u>觀客</u>들의 심금을 울렸다. [   ]

6 수많은 군중이 광장 앞에 <u>雲集</u>하였다. [   ]

7 대학을 <u>卒業</u>하고 대학원에 진학하였다. [   ]

8 그의 희생이 <u>社會</u>에 기여한 바가 크다. [   ]

9 그 <u>商店</u>에는 좋은 상품들이 많다. [   ]

10 새 옷을 싼 <u>價格</u>에 샀다. [   ]

11 어머니의 사랑은 무엇보다 <u>偉大</u>하다. [   ]

12 내각의 우두머리를 <u>首相</u>이라고 한다. [   ]

13 일출을 바라보며 <u>所望</u>을 빌었다. [   ]

14 <u>古典</u>을 읽고 교양을 쌓는다. [   ]

15 책장에는 <u>良書</u>들로 가득했다. [   ]

16 좋은 책을 가려 읽는 <u>能力</u>도 필요하다. [   ]

17 배는 <u>順調</u>로운 항해를 시작했다. [   ]

18 유난히 <u>強雨</u>가 많은 여름이다. [   ]

19 전철을 갈아탈 <u>必要</u>는 없다. [   ]

20 먼저 <u>宿食</u>할 곳을 찾아보았다. [   ]

21 <u>洗車</u>하기 딱 좋은 날씨다. [   ]

22 <u>利害</u>만을 따진다면 친구가 될 수 없다. [   ]

23 자유에는 <u>責任</u>이 따른다. [   ]

24 그 장군은 <u>用兵</u>에 능했다. [   ]

25 우리 반의 <u>級訓</u>은 정직이다. [   ]

26 이 사업은 관계 <u>當局</u>의 승인을 받아야 한다. [   ]

27 정부는 복지에 대한 <u>基本</u> 정책을 발표하였다. [   ]

28 쓸데없는 <u>參見</u>을 말아야 한다. [   ]

29 우리 집안의 <u>法度</u>는 엄격한 편이다. [   ]

30 <u>節電</u>을 생활화해야 한다. [   ]

31 <u>類例</u>없는 가뭄을 무사히 넘겼다. [   ]

32 <u>兒童</u> 용품은 안전을 최우선으로 해야 한다. [   ]

33 할머니께서 어린 우리들을 <u>養育</u>하셨다. [   ]

34 <u>題目</u>만 보고도 책의 내용을 알 것 같다. [   ]

35 <u>工團</u> 지역의 공기 오염이 심각하다. [   ]

02 다음 漢字의 訓과 音을 쓰세요. (36~58)

보기	國 → 나라 국

36 旅 [   ]　　37 關 [   ]

38 廣 [   ]　　39 速 [   ]

40 球 [   ]　　41 具 [   ]

42 獨 [   ]　　43 習 [   ]

44 知 [   ]　　45 信 [   ]

46 念 [   ]　　47 術 [   ]

48 變 [   ]　　49 效 [   ]

50 消 [   ]　　51 種 [   ]

52 奉 [   ]　　53 産 [   ]

54 財 [   ]　　55 鮮 [   ]

56 性 [   ]　　57 充 [   ]

58 質 [   ]

09 다음 ( ) 안에 알맞은 글자를 〈보기〉에서 찾아 넣어 四字成語(사자성어)를 완성하세요. (91~94)

보기	① 結	② 在	③ 年	④ 決
	⑤ 木	⑥ 綠	⑦ 日	⑧ 上
	⑨ 月			

91 ( )死反對

92 人命( )天

93 作心三( )

94 草( )同色

10 다음 漢字의 略字(약자)를 쓰세요. (95~97)

보기	學 → 学

95 樂 [   ]

96 體 [   ]

97 發 [   ]

11 다음 漢字의 짙게 표시한 획은 몇 번째 쓰는 획인지 〈보기〉에서 찾아 그 번호를 쓰세요. (98~100)

보기	① 첫 번째	② 두 번째
	③ 세 번째	④ 네 번째
	⑤ 다섯 번째	⑥ 여섯 번째
	⑦ 일곱 번째	⑧ 여덟 번째
	⑨ 아홉 번째	⑩ 열 번째

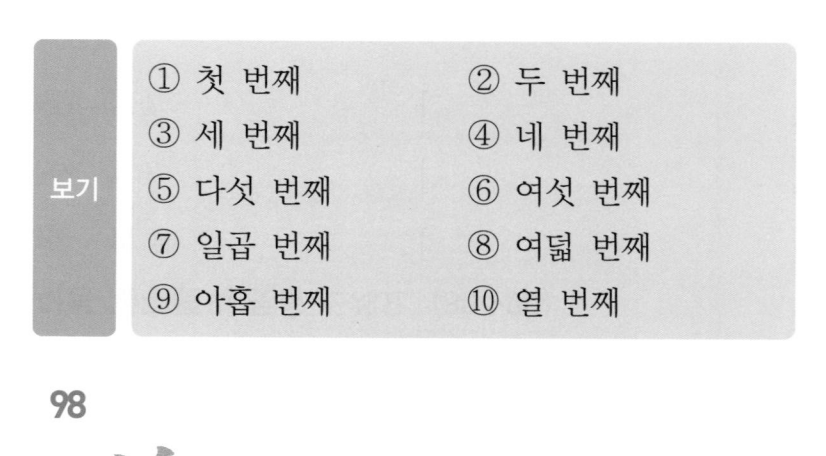

98 弟 [   ]

99 庭 [   ]

100 登 [   ]

※ 답안지는 컴퓨터로 처리되므로 구기거나 더럽히지 마시고, 정답 칸 안에만 쓰십시오. 글씨가 채점란으로 들어오면 오답처리가 됩니다.

제   회 전국한자능력검정시험 5급Ⅱ 답안지(2)

번호	정답	1검	2검	번호	정답	1검	2검	번호	정답	1검	2검
49				67				85			
50				68				86			
51				69				87			
52				70				88			
53				71				89			
54				72				90			
55				73				91			
56				74				92			
57				75				93			
58				76				94			
59				77				95			
60				78				96			
61				79				97			
62				80				98			
63				81				99			
64				82				100			
65				83							
66				84							

40 仕 [　　　　] **41** 要 [　　　　]

42 基 [　　　　] **43** 友 [　　　　]

44 獨 [　　　　] **45** 兵 [　　　　]

46 仙 [　　　　] **47** 雨 [　　　　]

48 必 [　　　　] **49** 鮮 [　　　　]

50 臣 [　　　　] **51** 元 [　　　　]

52 卒 [　　　　] **53** 惡 [　　　　]

54 以 [　　　　] **55** 勞 [　　　　]

56 州 [　　　　] **57** 化 [　　　　]

58 順 [　　　　]

03 다음 밑줄 친 단어를 漢字로 쓰세요. (59~73)

59 현대를 정보화 시대라고 지칭하기도 한다.
[　　　　]

60 아이는 늘 미지의 세계를 꿈꾸었다. [　　　　]

61 수학은 특히 내가 좋아하는 과목이다. [　　　　]

62 범인은 죄를 자백하고 잘못을 뉘우쳤다.
[　　　　]

63 에디슨은 전구의 발명가로도 잘 알려져 있다.
[　　　　]

64 장학생 명단이 신문에 공고되었다. [　　　　]

65 경기가 나빠 모두들 생계가 어렵다고들 한다.
[　　　　]

66 그는 국가 발전의 유공을 인정받았다. [　　　　]

67 오월은 가정의 달이다. [　　　　]

68 네가 하는 일마다 행운이 따랐으면 좋겠다.
[　　　　]

69 할아버지께서는 서당에서 글공부를 하셨다.
[　　　　]

70 시간이 갈수록 사회는 다양해지고 복잡해진다.
[　　　　]

71 일기 쓰기는 그날을 반성하고 더 좋은 날을 맞
기 위한 계기가 된다. [　　　　]

72 위풍당당한 국군 용사들이 행진을 한다. [　　　　]

73 한여름에는 직사광선에 직접 노출되지 않도록
한다. [　　　　]

04 다음 訓과 음의 漢字를 쓰세요. (74~78)

74 뿔 각 [　　　　]

75 놓을 방 [　　　　]

76 겉 표 [　　　　]

77 비로소 시 [　　　　]

78 바람 풍 [　　　　]

05 다음 漢字와 뜻이 같거나 비슷한 漢字를 〈보기〉에서 찾아 漢字語를 이루세요. (79~81)

보기	① 式　② 體　③ 油　④ 樂
	⑤ 事　⑥ 安　⑦ 里　⑧ 果
	⑨ 本

79 歌(　)을 즐긴다.

80 운동으로 단련한 身(　)

81 집안이 平(　)하다.

06 다음 (　) 안에 각각 뜻이 반대되는 漢字를 〈보기〉에서 찾아 자주 쓰는 漢字語가 되게 하세요. (82~84)

보기	① 晝　② 美　③ 少　④ 番
	⑤ 永　⑥ 前　⑦ 近　⑧ 多

82 (　)夜로 사람이 왕래한다.

83 老(　)가 함께 즐기다.

84 (　)後 사정을 알지 못한다.

07 다음 漢字語의 뜻을 쓰세요. (85~87)

85 命名 [　　　　　　]

86 住宅 [　　　　　　]

87 過失 [　　　　　　]

수험번호 □□□-□□-□□□□   성명 □□□□□

생년월일 □□□□□□

※ 유성 싸인펜, 붉은색 필기구 사용 불가.

※ 답안지는 컴퓨터로 처리되므로 구기거나 더럽히지 마시고, 정답 칸 안에만 쓰십시오. 글씨가 채점란으로 들어오면 오답처리가 됩니다.

제   회 전국한자능력검정시험 5급Ⅱ 답안지(1)   (시험시간 50분)

번호	정답	1검	2검	번호	정답	1검	2검	번호	정답	1검	2검
	답 안 란	채점란			답 안 란	채점란			답 안 란	채점란	
1				17				33			
2				18				34			
3				19				35			
4				20				36			
5				21				37			
6				22				38			
7				23				39			
8				24				40			
9				25				41			
10				26				42			
11				27				43			
12				28				44			
13				29				45			
14				30				46			
15				31				47			
16				32				48			

	감독위원	채점위원(1)		채점위원(2)		채점위원(3)	
	(서명)	(득점)	(서명)	(득점)	(서명)	(득점)	(서명)

※ 뒷면으로 이어짐

※ 답안지는 컴퓨터로 처리되므로 구기거나 더럽히지 마시고, 정답 칸 안에만 쓰십시오. 글씨가 채점란으로 들어오면 오답처리가 됩니다.

제   회 전국한자능력검정시험 5급Ⅱ 답안지(2)

번호	정답	1검	2검	번호	정답	1검	2검	번호	정답	1검	2검
49				67				85			
50				68				86			
51				69				87			
52				70				88			
53				71				89			
54				72				90			
55				73				91			
56				74				92			
57				75				93			
58				76				94			
59				77				95			
60				78				96			
61				79				97			
62				80				98			
63				81				99			
64				82				100			
65				83							
66				84							

01 다음 밑줄 친 漢字語의 讀音을 쓰세요. (1~35)

보기　　　　漢字 → 한자

1 직접 商店에 가지 않고 인터넷으로 물건을 샀다.
　　　　　　　　　　　　　[　　　]

2 가게가 클수록 品目이 다양한 편이다. [　　　]

3 에누리 없이 定價대로 판다. 　　　[　　　]

4 筆記 시험에 합격해야 면접을 볼 수 있다.
　　　　　　　　　　　　　[　　　]

5 그 사람이 한 말의 意圖를 잘 모르겠다.
　　　　　　　　　　　　　[　　　]

6 자신의 생각을 조리 있게 잘 說明할 수 있어야
한다. 　　　　　　　　　[　　　]

7 그들에게서 過分한 대접을 받았다. [　　　]

8 우리들의 團合된 힘을 보여주자. [　　　]

9 노벨 평화상은 세계 평화에 기여한 功勞를 인
정하는 상이다. 　　　　　[　　　]

10 우리 형제는 相通하는 바가 많다. [　　　]

11 그 분이 교장으로 在任하고 계실 때 만났었다.
　　　　　　　　　　　　　[　　　]

12 그곳에서 偉大한 자연의 힘을 느낄 수 있었다.
　　　　　　　　　　　　　[　　　]

13 그는 主觀이 뚜렷해 소신 있게 행동한다.
　　　　　　　　　　　　　[　　　]

14 農路를 넓혀 농사짓기가 편해졌다. [　　　]

15 폭설이 내려 비행기 着陸이 어렵게 되었다.
　　　　　　　　　　　　　[　　　]

16 우리는 切親한 사이다. 　　　[　　　]

17 旅行 안내원이 우리들을 경복궁으로 인솔했다.
　　　　　　　　　　　　　[　　　]

18 그는 귀찮은 質問을 잘 받아주었다. [　　　]

19 새를 찍기 위해 카메라 望遠 렌즈의 초점을 맞
추었다. 　　　　　　　　　[　　　]

20 우리나라에는 의학 분야에 뛰어난 실력 있는
人材들이 많다. 　　　　　[　　　]

21 지리산의 雲海를 사진으로 찍었다. [　　　]

22 마치 대양같이 넓은 廣野가 눈앞에 펼쳐졌다.
　　　　　　　　　　　　　[　　　]

23 이 일은 나와 有關하다. 　　　[　　　]

24 용기 있는 사람이 時代를 앞서간다. [　　　]

25 수많은 兵卒들이 일사불란하게 움직였다.
　　　　　　　　　　　　　[　　　]

26 장군은 비장의 戰術을 펼쳤다. [　　　]

27 무슨 일이든 基本이 잘 되어있어야 발전할 수
있다. 　　　　　　　　　[　　　]

28 삼촌은 惡童 같은 조카들의 장난도 잘 받아주
셨다. 　　　　　　　　　[　　　]

29 물은 溫度가 0℃ 이하로 내려가면 고체화 된다.
　　　　　　　　　　　　　[　　　]

30 신체 發育이 왕성할 때이다. 　[　　　]

31 도서관은 知識의 보고이다. 　[　　　]

32 사납던 개가 그를 보자 금방 良順해졌다.
　　　　　　　　　　　　　[　　　]

33 나는 課外 동아리 활동으로 미술반에 들었다.
　　　　　　　　　　　　　[　　　]

34 表情만으로도 수많은 느낌을 나타낼 수 있다.
　　　　　　　　　　　　　[　　　]

35 이 작품은 색채의 調和를 잘 이루고 있다.
　　　　　　　　　　　　　[　　　]

02 다음 漢字의 訓音을 쓰세요. (36~58)

보기	國 : 나라 국

36 結 [   ]   37 獨 [   ]

38 仙 [   ]   39 敬 [   ]

40 習 [   ]   41 宿 [   ]

42 類 [   ]   43 變 [   ]

44 史 [   ]   45 流 [   ]

46 典 [   ]   47 奉 [   ]

48 展 [   ]   49 局 [   ]

50 仕 [   ]   51 念 [   ]

52 的 [   ]   53 消 [   ]

54 效 [   ]   55 産 [   ]

56 化 [   ]   57 種 [   ]

58 例 [   ]

03 다음 ( ) 안에 뜻이 반대되는 漢字를 〈보기〉에서 찾아, 자주 쓰이는 한자어가 되게 하세요. (59~61)

보기	① 永　② 夜　③ 小　④ 先 ⑤ 弱　⑥ 己

59 일의 ( )後를 가려야 한다.

60 리듬의 強( )을 잘 조절하면서 연주한다.

61 그 거리에는 晝( )로 사람이 붐빈다.

04 다음 漢字와 뜻이 같거나 비슷한 漢字를 〈보기〉에서 찾아, 漢字語를 이루세요. (62~64)

보기	① 果　② 鮮　③ 安　④ 樂 ⑤ 里　⑥ 事

62 농장의 ( )實이 잘 익었다.

63 아버지의 ( )業이 날로 번창한다.

64 가족이 모두 平( )하다.

05 다음 ( ) 안에 알맞은 漢字를 〈보기〉에서 찾아 넣어 四字成語를 완성하세요. (65~68)

보기	① 古　② 春　③ 秋　④ 日 ⑤ 苦　⑥ 月　⑦ 京　⑧ 市 ⑨ 凶

65 門前成( )   66 四面( )風

67 花朝( )夕   68 作心三( )

06 다음 漢字語와 음이 같으면서 뜻이 다른 단어를 〈보기〉에서 찾아 그 번호를 쓰세요. (69~71)

보기	① 決死　② 各紙　③ 空席　④ 靑川 ⑤ 不足　⑥ 別字　⑦ 林地　⑧ 靑天

69 淸川 – (   ) : 푸른 하늘

70 部族 – (   ) : 모자람

71 各地 – (   ) : 각각의 신문

07 다음 漢字語의 뜻을 쓰세요. (72~74)

72 洗車 [   ]

73 雨衣 [   ]

74 節電 [   ]

08 다음 漢字의 略字(약자 : 획을 줄인 漢字)를 쓰세요. (75~77)

75 來 [   ]   76 晝 [   ]

77 醫 [   ]

09 다음 밑줄 친 漢字語의 漢字를 쓰세요. (78~92)

78 과학의 발달이 생활을 편리하게 만들었다.

[   ]

79 그들은 화목한 가정을 이루었다. [   ]

80 나는 음식을 가리지 않는 편이다. [   ]

81 삼촌은 고등학교 음악 선생님이다. [   ]

82 오랜만에 초등학교 동창들이 모두 모였다.

[   ]

83 건강을 위해서는 규칙적으로 <u>운동</u>을 하여야 한다.
[   ]

84 자기 <u>반성</u>이 없다면 발전하기 어렵다. [   ]

85 두 점을 잇는 가장 짧은 선이 <u>직선</u>이다.
[   ]

86 그 미술가는 <u>세계</u>를 무대로 활약한다. [   ]

87 작년보다 생활의 <u>형편</u>이 나아진 편이다.
[   ]

88 나는 학교 도서관을 자주 <u>이용</u>한다. [   ]

89 <u>반장</u>이 모두 모이라고 했다. [   ]

90 그가 나에게 희망과 <u>용기</u>를 북돋아 주었다.
[   ]

91 어머니가 다려주신 <u>약초</u>를 마셨다. [   ]

92 <u>회사</u>를 그만두고 공무원이 되다. [   ]

⑩ 다음 訓과 音의 漢字를 쓰세요. (93~97)

보기   나라 국 : 國

93 짧을 단 :

94 놓을 방 :

95 부을 주 :

96 다스릴 리 :

97 눈 설 :

⑪ 다음 漢字의 짙게 표시한 획은 몇 번째 쓰는 획인지 〈보기〉에서 찾아 그 번호를 쓰세요. (98~100)

보기	① 첫 번째	② 두 번째
	③ 세 번째	④ 네 번째
	⑤ 다섯 번째	⑥ 여섯 번째
	⑦ 일곱 번째	⑧ 여덟 번째
	⑨ 아홉 번째	⑩ 열 번째

98 數 [   ]

99 萬 [   ]

100 畫 [   ]

수험번호 ☐☐☐－☐☐－☐☐☐☐   **성명** ☐☐☐☐☐

생년월일 ☐☐☐☐☐☐

※ 유성 싸인펜, 붉은색 필기구 사용 불가.

※ 답안지는 컴퓨터로 처리되므로 구기거나 더럽히지 마시고, 정답 칸 안에만 쓰십시오. 글씨가 채점란으로 들어오면 오답처리가 됩니다.

제   회 전국한자능력검정시험 5급Ⅱ 답안지(1)   (시험시간 50분)

번호	정답	1검	2검	번호	정답	1검	2검	번호	정답	1검	2검
1				17				33			
2				18				34			
3				19				35			
4				20				36			
5				21				37			
6				22				38			
7				23				39			
8				24				40			
9				25				41			
10				26				42			
11				27				43			
12				28				44			
13				29				45			
14				30				46			
15				31				47			
16				32				48			

	감독위원	채점위원(1)		채점위원(2)		채점위원(3)	
	(서명)	(득점)	(서명)	(득점)	(서명)	(득점)	(서명)

※ 뒷면으로 이어짐

※ 답안지는 컴퓨터로 처리되므로 구기거나 더럽히지 마시고, 정답 칸 안에만 쓰십시오. 글씨가 채점란으로 들어오면 오답처리가 됩니다.

제　　회 전국한자능력검정시험 5급Ⅱ 답안지(2)

번호	정답	1검	2검	번호	정답	1검	2검	번호	정답	1검	2검
49				67				85			
50				68				86			
51				69				87			
52				70				88			
53				71				89			
54				72				90			
55				73				91			
56				74				92			
57				75				93			
58				76				94			
59				77				95			
60				78				96			
61				79				97			
62				80				98			
63				81				99			
64				82				100			
65				83							
66				84							

(社) 한국어문회 주관·한국한자능력검정회 시행

한자능력검정시험 5급Ⅱ 예상문제

문 항 수 : 100문항
합격문항 : 70문항
제한시간 : 50분

01 다음 밑줄 친 漢字語의 독음을 쓰세요. (1~35)

보기 　 漢字 → 한자

○ [1]外觀만으로 그 사람의 됨됨이를 판단해서는 안 된다.

○ 내일 떠나는 관광에 대한 [2]說明이 있으니 모두 [3]筆記[4]道具를 가지고 [5]食堂으로 오십시오.

○ [6]親切한 주인의 주선으로 [7]書店 안에서 [8]古典 시가를 [9]朗讀했다.

○ [10]德望 높은 분들이 [11]多數[12]參席하여 오늘의 [13]卒業을 축하해 주셨다.

○ [14]定價 제도가 아니면 [15]品質을 [16]識別하는 데도 어려움이 있다.

○ 우리나라의 건국[17]理念은 홍익인간이다.

○ [18]目的을 이룬 [19]偉大한 [20]科學자들의 [21]成果.

○ [22]着陸[23]訓練을 돕는 [24]空軍[25]兵士들.

○ [26]新藥의 [27]效能은 나타나지 않았다.

○ 뛰어난 [28]商術로 [29]財産을 축적한 사나이.

○ [30]過速을 [31]團束하는 [32]交通 경찰의 [33]勞苦

○ [34]敬愛하는 학우 여러분의 [35]幸運을 빕니다.

1 [　]		2 [　]	
3 [　]		4 [　]	
5 [　]		6 [　]	
7 [　]		8 [　]	
9 [　]		10 [　]	
11 [　]		12 [　]	
13 [　]		14 [　]	
15 [　]		16 [　]	
17 [　]		18 [　]	
19 [　]		20 [　]	

21 [　]		22 [　]	
23 [　]		24 [　]	
25 [　]		26 [　]	
27 [　]		28 [　]	
29 [　]		30 [　]	
31 [　]		32 [　]	
33 [　]		34 [　]	
35 [　]			

02 다음 漢字의 訓과 音을 쓰세요. (36~58)

보기 　 力 → 힘 력

36 鮮 [　]		37 決 [　]	
38 服 [　]		39 到 [　]	
40 歲 [　]		41 要 [　]	
42 洗 [　]		43 性 [　]	
44 路 [　]		45 調 [　]	
46 使 [　]		47 節 [　]	
48 兒 [　]		49 雲 [　]	
50 任 [　]		51 種 [　]	
52 知 [　]		53 充 [　]	
54 必 [　]		55 展 [　]	
56 度 [　]		57 宿 [　]	
58 首 [　]			

03 다음 밑줄 친 단어를 漢字로 쓰세요. (59~75)

보기 　 국어 → 國語

○ 한국의 [59]농악이 [60]세계 문화유산으로 등록될 날을 고대한다.

○ 다양한 [61]문물이 물밀 듯 들어온다.

○ [62]지구촌 구석구석을 여행하는 것이 꿈이다.
○ 무분별한 개발로 인류의 [63]공용 재산인 [64]자연을 파괴하는 무분별한 일이 [65]발생해서는 안 된다.
○ 그릇된 정책을 [66]반대하기 위한 시민 [67]운동에 [68]용기를 가지고 나서는 사람들.
○ [69]창문을 여니 [70]백설에 반사된 [71]광선이 눈부시다.
○ [72]방심하면 어려움이 닥친다.
○ 잘못된 버릇은 [73]시급히 고쳐야 한다.
○ 삼촌은 [74]전차 부대 요원이다.
○ 그 건축가는 [75]현대 감각에 맞게 새로운 집을 설계하였다.

59 [	]	60 [	]
61 [	]	62 [	]
63 [	]	64 [	]
65 [	]	66 [	]
67 [	]	68 [	]
69 [	]	70 [	]
71 [	]	72 [	]
73 [	]	74 [	]
75 [	]		

04 다음 訓·音의 漢字를 쓰세요. (76~80)

보기	나라 국 → 國

76 남녘 남   [   ]
77 뿔 각   [   ]
78 살 주   [   ]
79 낮 오   [   ]
80 뜰 정   [   ]

05 다음 ( ) 안에 각각 뜻이 반대되는 글자를 〈보기〉에서 찾아 그 번호를 쓰세요. (81~83)

보기	① 高	② 小	③ 古	④ 重
	⑤ 己	⑥ 害	⑦ 少	⑧ 來

81 老( )   82 ( )今
83 利( )

06 같은 뜻의 글자로 이루어진 漢字語가 되게, 〈보기〉에서 알맞은 글자를 찾아 ( ) 안에 넣으세요. (84~86)

보기	① 育	② 才	③ 全	④ 天
	⑤ 奉	⑥ 類	⑦ 元	⑧ 安

84 平( )   85 部( )
86 養( )

07 (B)의 뜻을 가진 (A)의 同音語를 〈보기〉에서 찾아 그 번호를 쓰세요. (87~89)

보기	① 消音	② 失例	③ 小門	④ 前身
	⑤ 實例	⑥ 全身	⑦ 傳言	⑧ 主體

    (A)   (B)
87 所聞 – ( ) : 작은 문
88 失禮 – ( ) : 실제의 보기
89 電信 – ( ) : 온 몸

08 다음 ( ) 안에 알맞은 글자를 〈보기〉에서 찾아 넣어 四字成語를 완성하세요. (90~92)

보기	① 春	② 夏	③ 秋	④ 作
	⑤ 夕	⑥ 綠	⑦ 靑	⑧ 昨
	⑨ 平			

90 草( )同色 : 이름은 다르나 속은 한가지다.
91 四面( )風 : 누구에게나 좋게.
92 ( )心三日 : 결심이 사흘을 못 감.

09 다음 漢字의 약자(略字 : 획수를 줄인 한자)를 쓰세요. (93~95)

93 圖 [   ]

94 會 [   ]

95 萬 [   ]

10 다음 漢字語의 뜻을 쓰세요. (96~97)

96 晝夜   [   ]

97 每事   [   ]

11 다음 漢字의 짙게 표시한 획은 몇 번째 쓰는 획인지 〈보기〉에서 골라 그 번호를 쓰세요. (98~100)

보기	① 첫 번째	② 두 번째
	③ 세 번째	④ 네 번째
	⑤ 다섯 번째	⑥ 여섯 번째
	⑦ 일곱 번째	⑧ 여덟 번째
	⑨ 아홉 번째	⑩ 열 번째

98 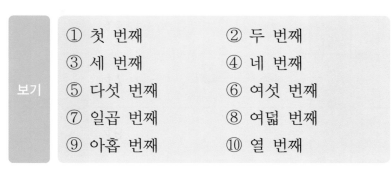 [   ] **99** 基 [   ]

100 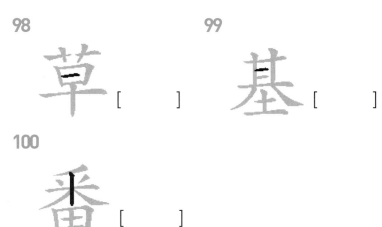 [   ]

수험번호 □□□-□□-□□□□ **성명** □□□□□

생년월일 □□□□□□ ※ 유성 싸인펜, 붉은색 필기구 사용 불가.

※ 답안지는 컴퓨터로 처리되므로 구기거나 더럽히지 마시고, 정답 칸 안에만 쓰십시오. 글씨가 채점란으로 들어오면 오답처리가 됩니다.

제   회 전국한자능력검정시험 5급Ⅱ 답안지(1)   (시험시간 50분)

번호	정답	1검	2검	번호	정답	1검	2검	번호	정답	1검	2검
1				17				33			
2				18				34			
3				19				35			
4				20				36			
5				21				37			
6				22				38			
7				23				39			
8				24				40			
9				25				41			
10				26				42			
11				27				43			
12				28				44			
13				29				45			
14				30				46			
15				31				47			
16				32				48			

	감독위원	채점위원(1)		채점위원(2)		채점위원(3)	
	(서명)	(득점)	(서명)	(득점)	(서명)	(득점)	(서명)

※ 뒷면으로 이어짐

※ 답안지는 컴퓨터로 처리되므로 구기거나 더럽히지 마시고, 정답 칸 안에만 쓰십시오. 글씨가 채점란으로 들어오면 오답처리가 됩니다.

제   회 전국한자능력검정시험 5급Ⅱ 답안지(2)

번호	정답	1검	2검	번호	정답	1검	2검	번호	정답	1검	2검
49				67				85			
50				68				86			
51				69				87			
52				70				88			
53				71				89			
54				72				90			
55				73				91			
56				74				92			
57				75				93			
58				76				94			
59				77				95			
60				78				96			
61				79				97			
62				80				98			
63				81				99			
64				82				100			
65				83							
66				84							

(社) 한국어문회 주관 · 한국한자능력검정회 시행

한자능력검정시험 5급Ⅱ 예상문제

문 항 수 : 100문항
합격문항 : 70문항
제한시간 : 50분

01 다음 밑줄 친 漢字語의 독음을 쓰세요. (1~35)

보기　　　　漢字 → 한자

○ [1]見聞을 넓히고 [2]知識을 쌓아 국가 [3]發展에 기여해야 할 우리.

○ 좋은 [4]結果와 [5]成功을 이루기 위해 학력의 [6]基本을 충실히 다지는 것이 우리들의 [7]課題이다.

○ 깔끔하게 [8]決算을 끝내고 물러나는 회장의 [9]告別 인사에 모두들 [10]感動하였다.

○ [11]旅行에는 [12]筆記 [13]道具가 꼭 [14]必要하다.

○ 사고 예방을 위해 [15]過速 차량을 [16]團束하는 [17]交通 경찰의 [18]責任이 막중하다.

○ 그 사람은 [19]法度 있는 [20]家庭에서 자라고 [21]德望 높은 스승에게 배운 [22]多福한 [23]親舊이다.

○ 늙으신 부모님을 [24]奉養하려고 [25]時節에 맞추어 입맛에 맞는 [26]食品만을 골라 드리면서 조금이나마 허약해진 건강을 회복하시는 데 [27]效能이 있기를 고대하였다.

○ 나라를 지키는 [28]兵士들의 [29]勞苦를 치하하였다.

○ [30]書店에서 산 [31]歷史책에서 우리 고장 [32]偉人들에 관한 [33]傳說을 읽었다.

○ [34]敬愛하는 학우 여러분의 [35]幸運을 빕니다.

1 [　　　] 　　2 [　　　]
3 [　　　] 　　4 [　　　]
5 [　　　] 　　6 [　　　]
7 [　　　] 　　8 [　　　]
9 [　　　] 　　10 [　　　]
11 [　　　] 　　12 [　　　]
13 [　　　] 　　14 [　　　]
15 [　　　] 　　16 [　　　]
17 [　　　] 　　18 [　　　]
19 [　　　] 　　20 [　　　]
21 [　　　] 　　22 [　　　]
23 [　　　] 　　24 [　　　]
25 [　　　] 　　26 [　　　]
27 [　　　] 　　28 [　　　]
29 [　　　] 　　30 [　　　]
31 [　　　] 　　32 [　　　]
33 [　　　] 　　34 [　　　]
35 [　　　]

02 다음 漢字의 訓과 音을 쓰세요. (36~58)

보기　　　　力 → 힘 력

36 價 [　　　] 　　37 當 [　　　]
38 宿 [　　　] 　　39 州 [　　　]
40 順 [　　　] 　　41 材 [　　　]
42 到 [　　　] 　　43 飮 [　　　]
44 的 [　　　] 　　45 着 [　　　]
46 仙 [　　　] 　　47 約 [　　　]
48 觀 [　　　] 　　49 充 [　　　]
50 情 [　　　] 　　51 良 [　　　]
52 友 [　　　] 　　53 調 [　　　]
54 己 [　　　] 　　55 流 [　　　]
56 卒 [　　　] 　　57 念 [　　　]
58 元 [　　　]

03 다음 밑줄 친 단어를 漢字로 쓰세요. (59~75)

59 지구는 둥글다. [   ]

60 세계는 넓고 할 일은 많다. [   ]

61 인간은 고등 동물이다. [   ]

62 학교는 공공 재산이다. [   ]

63 우리 삼촌은 삼십 살도 살지 못하고 단명했다.

[   ]

64 현대의 바쁜 생활. [   ]

65 그런 일을 한 의도가 궁금하다. [   ]

66 찬성이 반대보다 많았다. [   ]

67 사고는 방심에서 일어난다. [   ]

68 찬물에 뛰어든 용기가 대단하다. [   ]

69 공부는 주의를 집중하는 일부터 시작하자.

[   ]

70 그는 모든 성적이 뛰어난 신동이다. [   ]

71 우리 할아버지 머리는 반백이시다. [   ]

72 전쟁 없는 평화의 시대가 도래하였다. [   ]

73 약초를 캐러 산으로 간다. [   ]

74 날이 어두워 사람의 형체를 알아볼 수 없다.

[   ]

75 한겨울 대설주의보가 내렸다. [   ]

04 다음 訓·音의 漢字를 쓰세요. (76~80)

보기	나라 국 → 國

76 뿔 각 [   ]

77 나눌 분 [   ]

78 사라질 소 [   ]

79 쓸 용 [   ]

80 일 업 [   ]

05 뜻이 반대되는 글자로 이루어진 漢字語가 되게 (   ) 안에 들어갈 알맞은 글자를 〈보기〉에서 찾아 그 번호를 쓰세요. (81~83)

보기	① 强 ② 客 ③ 水 ④ 古 ⑤ 下 ⑥ 外

81 主(   )   82 (   )今

83 內(   )

06 같은 뜻의 글자로 이루어진 漢字語가 되게 (   ) 안에 들어갈 알맞은 글자를 〈보기〉에서 찾아 그 번호를 쓰세요. (84~86)

보기	① 直 ② 數 ③ 年 ④ 日 ⑤ 宅 ⑥ 文

84 正(   )   85 (   )章

86 (   )歲

07 (B)의 뜻을 가진 (A)의 同音語를 〈보기〉에서 찾아 그 번호를 쓰세요. (87~89)

보기	① 使臣 ② 實例 ③ 路上 ④ 全身 ⑤ 手作 ⑥ 自信

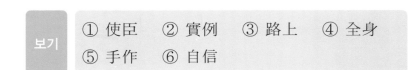

        (A)   (B)

87 老相 – (   ) : 길 위

88 失禮 – (   ) : 실제의 보기

89 前身 – (   ) : 온 몸

08 다음 (   ) 안에 알맞은 글자를 〈보기〉에서 찾아 넣어 四字成語를 완성하세요. (90~92)

보기	① 線 ② 口 ③ 靑 ④ 九 ⑤ 光 ⑥ 面 ⑦ 夏 ⑧ 秋 ⑨ 二

90 電(   )石火   91 (   )死一生

92 四(   )春風

09 다음 漢字의 약자(略字 : 획수를 줄인 자)를 쓰세요. (93~95)

93 讀 [   ]

94 發 [   ]

95 來 [   ]

10 다음 漢字語의 뜻을 쓰세요. (96~97)

96 廣野   [   ]

97 育兒   [   ]

11 다음 漢字의 짙게 표시한 획은 몇 번째 쓰는 획인지 〈보기〉에서 골라 그 번호를 쓰세요. (98~100)

보기	① 첫 번째	② 두 번째
	③ 세 번째	④ 네 번째
	⑤ 다섯 번째	⑥ 여섯 번째
	⑦ 일곱 번째	⑧ 여덟 번째
	⑨ 아홉 번째	⑩ 열 번째

98 科 [   ]

99 聞 [   ]

100 庭 [   ]

수험번호 □□□-□□-□□□□　　　　성명 □□□□□

생년월일 □□□□□□

※ 유성 싸인펜, 붉은색 필기구 사용 불가.

※ 답안지는 컴퓨터로 처리되므로 구기거나 더럽히지 마시고, 정답 칸 안에만 쓰십시오. 글씨가 채점란으로 들어오면 오답처리가 됩니다.

제　　회 전국한자능력검정시험 5급Ⅱ 답안지(1)　　(시험시간 50분)

번호	정답	1검	2검	번호	정답	1검	2검	번호	정답	1검	2검
1				17				33			
2				18				34			
3				19				35			
4				20				36			
5				21				37			
6				22				38			
7				23				39			
8				24				40			
9				25				41			
10				26				42			
11				27				43			
12				28				44			
13				29				45			
14				30				46			
15				31				47			
16				32				48			

	감독위원	채점위원(1)		채점위원(2)		채점위원(3)	
	(서명)	(득점)	(서명)	(득점)	(서명)	(득점)	(서명)

※ 뒷면으로 이어짐

※ 답안지는 컴퓨터로 처리되므로 구기거나 더럽히지 마시고, 정답 칸 안에만 쓰십시오. 글씨가 채점란으로 들어오면 오답처리가 됩니다.

제　　회 전국한자능력검정시험 5급 II 답안지(2)

번호	정답	1검	2검	번호	정답	1검	2검	번호	정답	1검	2검
49				67				85			
50				68				86			
51				69				87			
52				70				88			
53				71				89			
54				72				90			
55				73				91			
56				74				92			
57				75				93			
58				76				94			
59				77				95			
60				78				96			
61				79				97			
62				80				98			
63				81				99			
64				82				100			
65				83							
66				84							

01 다음 밑줄 친 漢字語의 讀音을 쓰세요. (1~35)

보기 　　　漢字 → 한자

1 젊은이들의 敬老 사상은 좋은 풍습이다.
[　　　]

2 모두의 幸運을 빕니다.　　　[　　　]

3 장수들의 功過를 따져 상벌을 정하였다.
[　　　]

4 상품의 見本이 진열되어 있다.　[　　　]

5 사건이 논리적으로 展開되었다.　[　　　]

6 모든 科學이 인간을 이롭게 하는 것은 아니다.
[　　　]

7 古典은 오랜 동안 많은 사람들에게 읽힌 모범
이 될 만한 작품을 말한다.　　[　　　]

8 겨울방학 동안에 읽을 必讀書들을 정했다.
[　　　]

9 용감한 兵士들이 적진을 향해 돌격하였다.
[　　　]

10 그녀의 피아노 실력은 피나는 練習의 결과이다.
[　　　]

11 선비는 벼슬을 버리고 草野에 묻혀 살았다.
[　　　]

12 旅行을 통해 많은 것을 배운다.　[　　　]

13 기다리던 우편물이 到着하였다.　[　　　]

14 이 기계의 部品을 구하기가 어렵다. [　　　]

15 기대한 만큼 效果를 거두었다.　[　　　]

16 그는 每番 약속을 지켰다.　　[　　　]

17 한자를 정확하게 쓰려면 筆順을 지켜야 한다.
[　　　]

18 새로운 方道를 찾았다.　　　[　　　]

19 행사에 參席하신 모든 분들게 감사한다.
[　　　]

20 信念이 굳건하다면 이루지 못할 것이 없다.
[　　　]

21 이 시험의 目的은 언어 사용 능력을 평가하는
것이다.　　　　　　　　　[　　　]

22 偉大한 자연의 힘에 감동했다.　[　　　]

23 실내 溫度를 일정하게 유지하는 것이 좋다.
[　　　]

24 각 家庭마다 내려오는 가풍이 있다. [　　　]

25 德性을 갖추지 못하면 교만하기 쉽다.[　　　]

26 類例 없는 폭설로 교통이 마비되었다.[　　　]

27 제대로 된 지도자를 養成하는 일이 급선무다.
[　　　]

28 각자 맡은 바 責任을 다 하라.　[　　　]

29 이 일의 시행 여부를 表決에 부쳤다. [　　　]

30 선생님의 告別 인사에 모두들 아쉬워했다.
[　　　]

31 장마철에는 특히 感電 사고에 주의해야 한다.
[　　　]

32 時速 400km를 달리는 열차가 개발되었다.
[　　　]

33 온 국민이 團結하여 난국을 극복하였다.
[　　　]

34 담장을 헐어 通路를 넓혔다.　[　　　]

35 우리는 苦樂을 함께한 동지다.　[　　　]

02 다음 漢字의 訓과 音을 쓰세요. (36~58)

보기 　　　力 → 힘 력

36 價 [　　　]　　37 調 [　　　]

38 變 [　　　]　　39 情 [　　　]

40 鮮 [　　　]　　41 客 [　　　]

42 相 [   ]   43 質 [   ]

44 州 [   ]   45 格 [   ]

46 産 [   ]   47 要 [   ]

48 廣 [   ]   49 兒 [   ]

50 充 [   ]   51 飮 [   ]

52 局 [   ]   53 友 [   ]

54 仙 [   ]   55 洗 [   ]

56 獨 [   ]   57 歷 [   ]

58 朗 [   ]

03 다음 밑줄 친 단어를 漢字로 쓰세요. (59~75)

| 보기 | 국어 → 國語 |

59 피타고라스는 <u>지구</u>가 둥글다고 생각한 사람 중
   의 하나다.   [   ]

60 <u>세계</u>는 넓고 할 일은 많다.   [   ]

61 우리 마을은 천혜의 <u>자연</u> 경관을 자랑한다.
                                           [   ]

62 <u>공공</u> 재산을 아끼는 시민 정신이 필요하다.
                                           [   ]

63 이모는 <u>고등</u> 교육을 받은 엘리트이다. [   ]

64 누구나 <u>평화</u>를 사랑한다.   [   ]

65 초식 <u>동물</u>들은 대부분 온순하다. [   ]

66 하루 세 번 <u>반성</u>하는 생활을 하는 사람이라면
   존경할 만하다.   [   ]

67 어수선한 <u>작금</u>의 시대적 상황을 잘 살펴야 한다.
                                           [   ]

68 농어촌 인구가 서울로 <u>집중</u>하는 현상이 벌어졌다.
                                           [   ]

69 국토 경계는 한시도 <u>방심</u>할 수 없는 일이다.
                                           [   ]

70 그는 복잡한 <u>계산</u>도 빠르고 정확하게 한다.
                                           [   ]

71 그는 음악에 관한 한 <u>신동</u> 소리를 듣는다.
                                           [   ]

72 짜투리 <u>공간</u>을 화단으로 만들었다. [   ]

73 자동차 <u>공장</u>을 견학하였다.   [   ]

74 사람들이 매표 <u>창구</u> 앞에 줄을 섰다. [   ]

75 묶은 해를 보내고 새로운 각오로 <u>신년</u>을 맞이
   한다.   [   ]

04 다음의 訓과 音을 가진 漢字를 쓰세요. (76~80)

| 보기 | 나라 국 → 國 |

76 나눌 분   [   ]

77 쓸 용   [   ]

78 모양 형   [   ]

79 싸움 전   [   ]

80 비로소 시   [   ]

05 다음 ( ) 안에 각각 뜻이 반대되는 글자를 〈보기〉에서
찾아 넣어 漢字語를 이루세요. (81~83)

| 보기 | ① 活   ② 近   ③ 使   ④ 害 |
| | ⑤ 惡   ⑥ 外   ⑦ 特   ⑧ 夜 |

81 利( )   82 晝( )

83 遠( )

06 같은 뜻의 글자로 이루어진 漢字語가 되게 〈보기〉에서
알맞은 글자를 찾아 ( ) 안에 넣으세요. (84~86)

| 보기 | ① 白   ② 化   ③ 業   ④ 京 |
| | ⑤ 明   ⑥ 線   ⑦ 便   ⑧ 節 |

84 光( )   85 事( )

86 ( )安

07 (B)의 뜻을 가진 (A)의 同音語를 〈보기〉에서 찾아 그 번호를 쓰세요. (87~89)

보기	① 傳信　② 所聞　③ 實話　④ 全身 ⑤ 少女　⑥ 失手

87 小門 - (　　) : 사람들의 입에 오르내려 퍼진 말.

88 失火 - (　　) : 실제로 벌어진 이야기.

89 前身 - (　　) : 온 몸.

08 다음 (　) 안에 알맞은 글자를 〈보기〉에서 찾아, 四字成語를 완성하세요. (90~92)

보기	① 春　② 靑　③ 里　④ 秋 ⑤ 夏　⑥ 九　⑦ 號　⑧ 五

90 四面(　)風

91 (　)死一生

92 萬(　)長天

09 다음 漢字의 약자(略字 : 획수를 줄인 字)를 쓰세요. (93~95)

93 會 [　　　　]

94 對 [　　　　]

95 圖 [　　　　]

10 다음 漢字語의 뜻을 쓰세요. (96~97)

96 商店　　　[　　　　　　　　]

97 住宅　　　[　　　　　　　　]

11 다음 漢字의 짙게 표시한 획은 몇 번째 쓰는 획인지 〈보기〉에서 골라 그 번호를 쓰세요. (98~100)

보기	① 첫 번째　　② 두 번째 ③ 세 번째　　④ 네 번째 ⑤ 다섯 번째　⑥ 여섯 번째 ⑦ 일곱 번째　⑧ 여덟 번째 ⑨ 아홉 번째　⑩ 열 번째

98

[　　　]

99

[　　　]

100

[　　　]

수험번호 □□□-□□-□□□□　　　　**성명** □□□□□

생년월일 □□□□□□

※ 유성 싸인펜, 붉은색 필기구 사용 불가.

※ 답안지는 컴퓨터로 처리되므로 구기거나 더럽히지 마시고, 정답 칸 안에만 쓰십시오. 글씨가 채점란으로 들어오면 오답처리가 됩니다.

제　　회 전국한자능력검정시험 5급Ⅱ 답안지(1)　　(시험시간 50분)

번호	정답	1검	2검	번호	정답	1검	2검	번호	정답	1검	2검
	답 안 란	채점란			답 안 란	채점란			답 안 란	채점란	
1				17				33			
2				18				34			
3				19				35			
4				20				36			
5				21				37			
6				22				38			
7				23				39			
8				24				40			
9				25				41			
10				26				42			
11				27				43			
12				28				44			
13				29				45			
14				30				46			
15				31				47			
16				32				48			

	감독위원	채점위원(1)		채점위원(2)		채점위원(3)	
	(서명)	(득점)	(서명)	(득점)	(서명)	(득점)	(서명)

※ 뒷면으로 이어짐

※ 답안지는 컴퓨터로 처리되므로 구기거나 더럽히지 마시고, 정답 칸 안에만 쓰십시오. 글씨가 채점란으로 들어오면 오답처리가 됩니다.

제   회 전국한자능력검정시험 5급 II 답안지(2)

번호	정답	1검	2검	번호	정답	1검	2검	번호	정답	1검	2검
49				67				85			
50				68				86			
51				69				87			
52				70				88			
53				71				89			
54				72				90			
55				73				91			
56				74				92			
57				75				93			
58				76				94			
59				77				95			
60				78				96			
61				79				97			
62				80				98			
63				81				99			
64				82				100			
65				83							
66				84							

【제1회】 예상문제(29p~30p)

1 경애	2 단결	3 변화	4 반감
5 상관	6 전설	7 법전	8 훈련
9 역임	10 과로	11 광고	12 결사
13 도착	14 객관	15 해외	16 약속
17 성질	18 상점	19 가격	20 운집
21 육아	22 숙명	23 순번	24 유행
25 재산	26 육로	27 세수	28 병사
29 당국	30 효능	31 염두	32 덕망
33 봉사	34 의식	35 수석	36 공부할/과정 과
37 갖출 구	38 터 기	39 믿을 신	40 어질 량
41 물건 품	42 요긴할 요	43 써 이	44 마디 절
45 꾸짖을 책	46 뿔 각	47 마실 음	48 몸 기
49 사기 사	50 신하 신	51 으뜸 원	52 고를 조
53 채울 충	54 나눌 반	55 재목 재	56 펼 전
57 고울 선	58 신선 선	59 ② 利	60 ⑦ 樂
61 ⑤ 新	62 ⑦ 數	63 ① 明	64 ⑤ 年
65 共同	66 不足	67 食水	68 ② 키가 작음
69 ③ 어제 오늘	70 ③ 비바람	71 有	72 生
73 月	74 三	75 発	76 体
77 会	78 地球	79 家庭	80 各界
81 戰術	82 自動	83 勇氣	84 藥科
85 幸運	86 果然	87 光線	88 里長
89 神童	90 圖表	91 弱小	92 白雪
93 所聞	94 高等	95 半旗	96 放學
97 農事	98 ③ 세 번째	99 ④ 네 번째	100 ⑤ 다섯 번째

【제3회】 예상문제(37p~39p)

1 여객	2 견식	3 도래	4 선명
5 운집	6 고참	7 사택	8 과로
9 도덕	10 역임	11 부품	12 세수
13 법전	14 상관	15 유례	16 착륙
17 변신	18 양순	19 전개	20 친절
21 졸병	22 실감	23 아동	24 광고
25 기본	26 봉양	27 재산	28 우의
29 주간	30 흉계	31 사기	32 효능
33 야망	34 절약	35 단속	36 값 가
37 차례 번	38 잘 숙	39 볼 관	40 생각 념
41 섬길 사	42 자리 석	43 홀로 독	44 기를 육
45 맺을 결	46 특별할 특	47 악할 악, 미워할 오	
48 공경 경	49 요긴할 요	50 밝을 랑	51 장사 상
52 과녁 적	53 빠를 속	54 귀신 신	55 예 구
56 갖출 구	57 머리 수	58 사라질 소	59 世界
60 現代	61 事理	62 反省	63 成功
64 同窓	65 電車	66 農樂	67 便紙
68 形體	69 信用	70 幸運	71 藥草
72 昨今	73 半白	74 勇氣	75 和平
76 飮食	77 活動	78 戰術	79 ⑥ 少
80 ③ 長	81 ⑦ 入	82 ② 朝	83 ④ 流
84 ⑩ 作	85 ⑤ 春	86 ⑦ 直	87 ② 地
88 ⑥ 歲	89 ① 前科	90 ④ 時調	91 ⑦ 弟子
92 ② 說服	93 ⑤ 所聞	94 ⑥ 放火	95 対
96 図	97 会	98 ⑦ 일곱 번째	99 ④ 네 번째
100 ⑪ 열한 번째			

【제2회】 예상문제(33p~34p)

1 갖출 구	2 클 위	3 밝을 랑	4 몸 기
5 마디 절	6 신하 신	7 해할 해	8 고을 주
9 어질 량	10 아이 아	11 주일 주	12 생각 념
13 채울 충	14 흐를 류	15 기를 양	16 비 우
17 흉할 흉	18 본받을 효	19 악할 악/미워할 오	20 신선 선
21 요긴할 요	22 구름 운	23 머리 수	24 경애
25 덕망	26 지식	27 세면	28 도착
29 약속	30 절개	31 결합	32 당번
33 전설	34 통신	35 우정	36 성질
37 가격	38 광고	39 순조	40 역사
41 종류	42 봉사	43 상점	44 고전
45 책임	46 재산	47 육로	48 훈련
49 변화	50 참견	51 원로	52 상관
53 병사	54 노동	55 온실	56 편리
57 친족	58 졸업	59 長	60 樂
61 新	62 ⑤ 心	63 ② 手	64 ③ 生
65 ④ 綠	66 ② 反	67 ⑤ 幸	68 ④ 年
69 共同	70 工事	71 名門	72 지나가는 나그네
73 홀로 배워 익힘	74 반드시 이김	75 来	76 画
77 会	78 計算	79 高等	80 戰功
81 春秋	82 地球	83 今後	84 時急
85 書堂	86 先代	87 立冬	88 勇氣
89 童話	90 出發	91 農林	92 校旗
93 所聞	94 體重	95 白雪	96 千部
97 食飮	98 ⑩ 열 번째	99 ⑨ 아홉 번째	100 ④ 네 번째

【제4회】 예상문제(42p~44p)

1 경애	2 과세	3 육로	4 도착
5 관객	6 운집	7 졸업	8 사회
9 상점	10 가격	11 위대	12 수상
13 소망	14 고전	15 양서	16 능력
17 순조	18 강우	19 필요	20 숙식
21 세차	22 이해	23 책임	24 용병
25 급훈	26 당국	27 기본	28 참견
29 법도	30 절전	31 유례	32 아동
33 양육	34 제목	35 공단	36 나그네 려
37 관계할 관	38 넓을 광	39 빠를 속	40 공 구
41 갖출 구	42 홀로 독	43 익힐 습	44 알 지
45 믿을 신	46 생각 념	47 재주 술	48 변할 변
49 본받을 효	50 사라질 소	51 씨 종	52 받들 봉
53 낳을 산	54 재물 재	55 고울 선	56 성품 성
57 채울 충	58 바탕 질	59 各自	60 計算
61 時急	62 世界	63 中等	64 公共
65 功名	66 科學	67 窓門	68 光線
69 短身	70 生活	71 校庭	72 幸運
73 新聞	74 角	75 飮	76 班
77 雪	78 表	79 ④ 少	80 ⑥ 入
81 ⑦ 書	82 ② 家	83 ⑥ 土	84 ④ 安
85 ③ 正式	86 ⑤ 士氣	87 ① 全圖	88 이별을 고하다
89 뜻 밖	90 나무 열매	91 ④ 決	92 ② 在
93 ⑦ 日	94 ⑥ 綠	95 楽	96 体
97 発	98 ⑥ 여섯 번째	99 ⑩ 열 번째	100 ⑤ 다섯 번째

【제5회】 예상문제(47p~49p)

1 상점	2 광고	3 품질	4 가격
5 재산	6 아동	7 감정	8 조화
9 세수	10 충실	11 사기	12 면식
13 양약	14 법전	15 신념	16 수반
17 역임	18 위대	19 덕망	20 집중
21 육로	22 도착	23 속도	24 단속
25 참석	26 관전	27 명랑	28 친절
29 숙식	30 전설	31 유례	32 설해
33 도구	34 효능	35 결정	36 볼 견
37 흐를 류	38 과녁 적	39 주일 주	40 섬길 사
41 요긴할 요	42 터 기	43 벗 우	44 홀로 독
45 병사 병	46 신선 선	47 비 우	48 반드시 필
49 고울 선	50 신하 신	51 으뜸 원	52 마칠 졸
53 악할 학/미워할 오	54 써 이	55 일할 로	
56 고을 주	57 될 화	58 순할 순	59 現代
60 世界	61 科目	62 自白	63 電球
64 新聞	65 生計	66 有功	67 家庭
68 幸運	69 書堂	70 社會	71 反省
72 勇士	73 光線	74 角	75 放
76 表	77 始	78 風	79 ④ 樂
80 ② 體	81 ⑥ 安	82 ① 晝	83 ③ 少
84 ⑥ 前	85 이름 짓다	86 사는 집	87 잘못/허물
88 ② 知己	89 ③ 靑天	90 ⑧ 弟子	91 ⑥ 古
92 ⑤ 綠	93 ③ 相	94 ⑧ 日	95 読
96 発	97 図	98 ⑩ 열 번째	99 ⑤ 다섯 번째
100 ⑦ 일곱 번째			

【제7회】 예상문제(57p~59p)

1 외관	2 설명	3 필기	4 도구
5 식당	6 친절	7 서점	8 고전
9 낭독	10 덕망	11 다수	12 참석
13 졸업	14 정가	15 품질	16 식별
17 이념	18 목적	19 위대	20 과학
21 성과	22 착륙	23 훈련	24 공군
25 병사	26 신약	27 효능	28 상술
29 재산	30 과속	31 단속	32 교통
33 노고	34 경애	35 행운	36 고울 선
37 결단할 결	38 옷 복	39 이를 도	40 해 세
41 요긴할 요	42 씻을 세	43 성품 성	44 길 로
45 고를 조	46 하여금 사	47 마디 절	48 아이 아
49 구름 운	50 맡길 임	51 씨 종	52 알 지
53 채울 충	54 반드시 필	55 펼 전	56 법도 도
57 잘 숙	58 머리 수	59 農樂	60 世界
61 文物	62 地球	63 共用	64 自然
65 發生	66 反對	67 運動	68 勇氣
69 窓門	70 白雪	71 光線	72 放心
73 時急	74 戰車	75 現代	76 南
77 角	78 住	79 午	80 庭
81 ⑦ 少	82 ③ 古	83 ⑥ 害	84 ⑧ 安
85 ⑥ 類	86 ① 育	87 ③ 小門	88 ⑤ 實例
89 ⑥ 全身	90 ⑥ 綠	91 ① 春	92 ④ 作
93 図	94 会	95 万	96 밤낮
97 일마다	98 ⑦ 일곱 번째	99 ④ 네 번째	
100 ⑤ 다섯 번째			

【제6회】 예상문제(52p~54p)

1 상점	2 품목	3 정가	4 필기
5 의도	6 설명	7 과분	8 단합
9 공로	10 상통	11 재임	12 위대
13 주관	14 농로	15 착륙	16 절친
17 여행	18 질문	19 망원	20 인재
21 운해	22 광야	23 유관	24 시대
25 병졸	26 전술	27 기본	28 악동
29 온도	30 발육	31 지식	32 양순
33 과외	34 표정	35 조화	36 맺을 결
37 홀로 독	38 신선 선	39 공경 경	40 익힐 습
41 잘 숙	42 무리 류	43 변할 변	44 사기 사
45 흐를 류	46 법 전	47 받들 봉	48 펼 전
49 판 국	50 섬길 사	51 생각 념	52 과녁 적
53 사라질 소	54 본받을 효	55 낳을 산	56 될 화
57 씨 종	58 법식 례	59 ④ 先	60 ⑤ 弱
61 ② 夜	62 ① 果	63 ⑥ 事	64 ③ 安
65 ⑧ 市	66 ② 春	67 ⑥ 月	68 ④ 日
69 ⑧ 靑天	70 ⑤ 不足	71 ② 各紙	72 차를 닦음
73 비웃	74 전기를 절약함	75 来	76 昼
77 医	78 科學	79 家庭	80 飮食
81 高等	82 同窓	83 運動	84 反省
85 直線	86 世界	87 形便	88 利用
89 班長	90 勇氣	91 藥草	92 會社
93 短	94 放	95 注	96 理
97 雪	98 ⑧ 여덟 번째	99 ⑦ 일곱 번째	
100 ⑤ 다섯 번째			

【제8회】 예상문제(62p~64p)

1 견문	2 지식	3 발전	4 결과
5 성공	6 기본	7 과제	8 결산
9 고별	10 감동	11 여행	12 필기
13 도구	14 필요	15 과속	16 단속
17 교통	18 책임	19 법도	20 가정
21 덕망	22 다복	23 친구	24 봉양
25 시절	26 식품	27 효능	28 병사
29 노고	30 서점	31 역사	32 위인
33 전설	34 경애	35 행운	36 값 가
37 마땅 당	38 잘 숙	39 고을 주	40 순할 순
41 재목 재	42 이를 도	43 마실 음	44 과녁 적
45 붙을 착	46 신선 선	47 맺을 약	48 볼 관
49 채울 충	50 뜻 정	51 어질 량	52 벗 우
53 고를 조	54 몸 기	55 흐를 류	56 마칠 졸
57 생각 념	58 으뜸 원	59 地球	60 世界
61 高等	62 公共	63 短命	64 現代
65 意圖	66 反對	67 放心	68 勇氣
69 集中	70 神童	71 半白	72 平和
73 藥草	74 形體	75 大雪	76 角
77 分	78 消	79 用	80 業
81 ② 客	82 ④ 古	83 ⑥ 外	84 ① 直
85 ⑥ 文	86 ③ 年	87 ③ 路上	88 ② 實例
89 ④ 全身	90 ⑤ 光	91 ④ 九	92 ⑥ 面
93 読	94 発	95 来	96 넓은 들
97 아이를 기름	98 ⑥ 여섯 번째	99 ⑥ 여섯 번째	
100 ⑤ 다섯 번째			

【제9회】예상문제(67p~69p)

1 경로	2 행운	3 공과	4 견본
5 전개	6 과학	7 고전	8 필독서
9 병사	10 연습	11 초야	12 여행
13 도착	14 부품	15 효과	16 매번
17 필순	18 방도	19 참석	20 신념
21 목적	22 위대	23 온도	24 가정
25 덕성	26 유례	27 양성	28 책임
29 표결	30 고별	31 감전	32 시속
33 단결	34 통로	35 고락	36 값 가
37 고를 조	38 변할 변	39 뜻 정	40 고울 선
41 손 객	42 서로 상	43 바탕 질	44 고을 주
45 격식 격	46 낳을 산	47 요긴할 요	48 넓을 광
49 아이 아	50 채울 충	51 마실 음	52 판 국
53 벗 우	54 신선 선	55 씻을 세	56 홀로 독
57 지날 력	58 밝을 랑	59 地球	60 世界
61 自然	62 公共	63 高等	64 平和
65 動物	66 反省	67 昨今	68 集中
69 放心	70 計算	71 神童	72 空間
73 工場	74 窓口	75 新年	76 分
77 用	78 形	79 戰	80 始
81 ④ 害	82 ⑧ 夜	83 ② 近	84 ⑤ 明
85 ③ 業	86 ⑦ 便	87 ② 所聞	88 ③ 實話
89 ④ 全身	90 ① 春	91 ⑥ 九	92 ③ 里
93 会	94 対	95 図	96 가게
97 사람이 사는 집	98 ⑥ 여섯 번째	99 ④ 네 번째	
100 ⑧ 여덟 번째			

한자능력검정시험

5급 II 기출문제 (93~100회)

➜ 본 기출문제는 수험생들의 기억에 의하여 재생된 문제입니다.

제93회
2021. 7. 10 시행
(社) 한국어문회 주관·한국한자능력검정회 시행
한자능력검정시험 5급Ⅱ 기출문제
문 항 수 : 100문항
합격문항 : 70문항
제한시간 : 50분

01 다음 밑줄 친 漢字語의 讀音을 쓰세요. (1~35)

- 가장 한국적인 것으로 [1]世界화할 수 있는 [2]文化 [3]商品이 탄생했지만 [4]不足한 점이 있었습니다. 〈생활의 길잡이 4〉
- 과소비와 사치는 국가와 사회에 커다란 [5]害惡을 끼친다.
- 과학자들은 인류의 미래를 [6]樂觀적으로 전망한다.
- 교통안전 [7]公團에서는 교통사고의 예방과 관련한 업무를 한다.
- 남북이 한 [8]民族이라는 생각을 가지고 서로 힘을 합쳐 [9]平和적으로 통일을 이루기 위해 노력해야 해요. 〈도덕 4〉
- 장군은 병사들의 [10]勞苦를 칭찬했다.
- [11]當時 시행되고 있던, [12]人種에 따라 버스 좌석을 달리하는 제도에 저항하기 위해 버스 타지 않기 [13]運動과 같은 비폭력 활동을 [14]展開하였다. 〈사회 6〉
- 도마뱀은 괴상해 보여도 [15]溫順한 동물이다.
- 두 사람은 올가을에 결혼하기로 [16]言約했다.
- 반장이 부반장과 학생회장 선거에서 [17]對決을 벌였다.
- 병호는 [18]親友들의 도움으로 역경을 이겨냈다.
- 섬진강에서 연어를 [19]放流하는 행사가 열린다.
- 이 지방의 대표적 [20]産物은 참외이다.
- 스트레스는 [21]萬病의 근원이다.
- 시와 음악을 즐기는 [22]歌客들이 주로 이 정자를 찾았다.
- 실생활에 [23]必要한 학문을 연구하였는데, 이를 [24]實學이라고 한다. 〈사회 5〉
- 아이들과 놀이를 할 때에는 재미를 [25]念頭에 두어야 한다.
- [26]女性이 참정권을 가지고 그들의 [27]代表者를 뽑는 일에 참여하기 [28]始作한 것은 백년이 조금 넘었습니다. 〈국어 5〉

- 우리 학교는 [29]歷史적 전통이 깊다.
- 의병 활동은 [30]獨立운동의 모태가 되었다.
- 인류는 농사를 짓기 시작하면서 [31]定着 생활을 했다.
- 일시적인 [32]便法으로는 문제가 해결되지 않는다.
- [33]店主는 단골 고객 확보에 주력하였다.
- 톨게이트를 [34]通過한 차량들이 다시 속도를 내기 시작했다.
- 흥부 내외가 톱으로 박을 타자 [35]金銀보화가 쏟아져 나왔다.

1 [   ]　2 [   ]
3 [   ]　4 [   ]
5 [   ]　6 [   ]
7 [   ]　8 [   ]
9 [   ]　10 [   ]
11 [   ]　12 [   ]
13 [   ]　14 [   ]
15 [   ]　16 [   ]
17 [   ]　18 [   ]
19 [   ]　20 [   ]
21 [   ]　22 [   ]
23 [   ]　24 [   ]
25 [   ]　26 [   ]
27 [   ]　28 [   ]
29 [   ]　30 [   ]
31 [   ]　32 [   ]
33 [   ]　34 [   ]
35 [   ]

02 다음 漢字의 訓과 音을 쓰세요. (36~58)

36 州 [   ]　37 凶 [   ]
38 仕 [   ]　39 集 [   ]

40 充 [   ]   41 仙 [   ]
42 基 [   ]   43 洗 [   ]
44 陸 [   ]   45 英 [   ]
46 朗 [   ]   47 切 [   ]
48 節 [   ]   49 福 [   ]
50 識 [   ]   51 別 [   ]
52 材 [   ]   53 偉 [   ]
54 德 [   ]   55 油 [   ]
56 養 [   ]   57 效 [   ]
58 合 [   ]

03 다음 訓과 音을 가진 漢字를 쓰세요. (59~63)

59 어제 작   [   ]
60 살필 성 | 덜 생   [   ]
61 다행 행   [   ]
62 한가지 공   [   ]
63 다스릴 리   [   ]

04 다음 漢字의 약자(略字: 획수를 줄인 漢字)를 쓰세요. (64~66)

64 戰   [   ]
65 體   [   ]
66 會   [   ]

05 다음 밑줄 친 漢字와 뜻이 반대(또는 상대)되는 漢字를 〈보기〉에서 찾아 그 번호를 쓰세요. (67~69)

보기 ① 目   ② 晝   ③ 朝   ④ 死
      ⑤ 結   ⑥ 雪   ⑦ 己   ⑧ 洋

67 그 일을 마치려면 ( )夜로 꼬박 이틀을 매달려야 한다.
68 우리는 生( )와 고락을 함께 한 전우이다.
69 효동이는 할머니께 ( )夕으로 문안을 드렸다.

06 다음 漢字와 뜻이 같거나 비슷한 漢字를 〈보기〉에서 찾아 그 번호를 쓰세요. (70~72)

보기 ① 宅   ② 練   ③ 臣   ④ 任
      ⑤ 兒   ⑥ 黃   ⑦ 速   ⑧ 財

70 우리 제품은 영하 50도로 急( ) 냉동을 해 보관한다.
71 조카 생일 선물로 ( )童복 한 벌을 샀다.
72 그 일은 우리가 마땅히 責( )을 져야 할 일이다.

07 다음 제시한 뜻을 가진 同音語를 〈보기〉에서 찾아 그 번호를 쓰세요. (73~75)

보기 ① 鮮度   ② 口傳   ③ 手相   ④ 球電
      ⑤ 首席   ⑥ 先到

73 舊典 – ( ) : 말로 전하여 내려옴.
74 線圖 – ( ) : 생선이나 야채 따위의 신선한 정도.
75 樹石 – ( ) : 등급이나 직위 따위에서 맨 윗자리.

08 다음 뜻에 맞는 漢字語를 〈보기〉에서 찾아 그 번호를 쓰세요. (76~78)

보기 ① 良書   ② 旅行   ③ 筆答   ④ 高調
      ⑤ 歲月   ⑥ 類例

76 내용이 좋은 책.   [   ]
77 같거나 비슷한 예.   [   ]
78 글로 써서 대답함.   [   ]

09 다음 뜻을 가진 사자성어가 되도록 ( ) 안에 들어갈 적절한 漢字語를 〈보기〉에서 찾아 그 번호를 쓰세요. (79~82)

보기 ① 雲   ② 局   ③ 能   ④ 路
      ⑤ 來   ⑥ 廣   ⑦ 前   ⑧ 多

79 門( )成市 : 집 문 앞이 시장을 이루다시피 함.

80 能小( )大 : 모든 일에 두루 능함.

81 ( )情多感 : 정이 많고 감정이 풍부함.

82 自古以( ) : 예로부터 지금까지의 동안.

⑩ 다음 문장의 밑줄 친 漢字語를 漢字로 쓰세요. (83~97)

83 아버지는 3대째 <u>가업</u>을 이어받아 옹기를 만드신다. [   ]

84 기상청은 <u>남부</u> 지방에 태풍 주의보를 발효했다. [   ]

85 도인이 <u>도술</u>을 부려 솔개로 변신했다. [   ]

86 시골에서는 태양을 <u>이용</u>해 주택 난방을 한다. [   ]

87 어떤 경우든 자기 생각을 <u>명백</u>히 밝히는 게 좋다. [   ]

88 오늘의 만남을 <u>소중</u>하게 기억하겠다. [   ]

89 피해를 당한 이재민들에게 <u>용기</u>와 희망을 주고 싶다. [   ]

90 평소 안전사고에 각별히 <u>주의</u>해야 한다. [   ]

91 강릉에서 <u>출발</u>한 버스가 서울에는 6시에 도착한다. [   ]

92 비옥한 <u>토지</u>에는 농작물이 잘 자란다. [   ]

93 바람의 언덕에 거대한 <u>풍차</u>가 서있다. [   ]

94 완도 앞바다는 다시마나 미역 같은 <u>해초</u>가 많이 난다. [   ]

95 자기 <u>분수</u>에 맞는 소비 생활을 해 나가도록 하자. [   ]

96 뜻밖에 철수와 마주쳐 <u>내심</u> 부끄러웠다. [   ]

97 선생님께서 칠판에 커다란 <u>삼각뿔</u> 모양의 도형을 그리셨다. [   ]

⑪ 다음 漢字의 짙게 표시한 획은 몇 번째 쓰는 획인지 〈보기〉에서 골라 그 번호를 쓰세요. (98~100)

보기	① 첫 번째	② 두 번째
	③ 세 번째	④ 네 번째
	⑤ 다섯 번째	⑥ 여섯 번째
	⑦ 일곱 번째	⑧ 여덟 번째

98  [   ]

99  [   ]

100  [   ]

（社）한국어문회 주관·한국한자능력검정회 시행

제94회 2021. 9. 11 시행

문 항 수 : 100문항
합격문항 : 70문항
제한시간 : 50분

01 다음 밑줄 친 漢字語의 讀音을 쓰세요. (1~35)

- 날씨가 추우면 [1]洗手를 하기 싫다는 [2]親舊의 이야기에 교실이 웃음바다가 되었다. (생활의 길잡이 1)
- 빗길에서 [3]過速은 위험합니다.
- 자식이 [4]幸福하게 살기를 [5]所望하는 것이 부모의 마음입니다.
- 바른 자세로 인사하는 [6]方法을 배워 [7]練習하여 봅시다. (바른생활 1)
- 요즘 날씨가 [8]變德을 부려 우산을 챙기는 것이 좋습니다.
- 각 [9]分野의 [10]元老들이 한 자리에 모였습니다.
- 책은 인류 [11]文化의 [12]財産입니다.
- 논에서 [13]雨衣를 입은 농부가 일하고 있습니다.
- 우리 사회에 남아 있는 식민주의 [14]史觀을 경계해야 합니다.
- 그는 [15]自筆로 [16]獨立이라고 쓴 태극기를 꺼내어 펼쳤습니다.
- 처마는 햇빛의 양을 [17]調節하는 데도 [18]效果가 있습니다. (과학 6)
- 길이 막혀 [19]約束보다 두 시간이나 늦게 [20]到着하였습니다.
- 새 옷을 저렴한 [21]價格으로 샀습니다.
- 학교 앞의 횡단보도는 [22]兒童이 많이 이용하기 때문에 운전자들은 [23]特別히 [24]注意해야 합니다.
- 이런 [25]種類의 문학 [26]作品은 따뜻한 [27]人情을 느끼게 합니다.
- 오후에 [28]當番인 조가 다른 조와 [29]交代하였습니다.
- 국제 경기를 앞두고 국가 대표 선수들은 [30]強度 높은 [31]合宿 훈련에 들어갔습니다.
- 이 가게에서는 [32]新鮮한 야채를 팝니다.
- 그는 지금까지 남에게 [33]責任을 미룬 적이 없습니다.

- 이번 일에 어떠한 [34]決定을 내리든 [35]相關을 하지 않겠습니다.

1 [ ]	2 [ ]
3 [ ]	4 [ ]
5 [ ]	6 [ ]
7 [ ]	8 [ ]
9 [ ]	10 [ ]
11 [ ]	12 [ ]
13 [ ]	14 [ ]
15 [ ]	16 [ ]
17 [ ]	18 [ ]
19 [ ]	20 [ ]
21 [ ]	22 [ ]
23 [ ]	24 [ ]
25 [ ]	26 [ ]
27 [ ]	28 [ ]
29 [ ]	30 [ ]
31 [ ]	32 [ ]
33 [ ]	34 [ ]
35 [ ]	

02 다음 漢字의 訓과 音을 쓰세요. (36~58)

36 質 [ ]	37 具 [ ]
38 養 [ ]	39 實 [ ]
40 仕 [ ]	41 己 [ ]
42 朗 [ ]	43 團 [ ]
44 兵 [ ]	45 順 [ ]
46 充 [ ]	47 友 [ ]
48 宅 [ ]	49 必 [ ]
50 廣 [ ]	51 敬 [ ]
52 州 [ ]	53 展 [ ]

54 念 [　　　　] 　　55 歷 [　　　　]

56 奉 [　　　　] 　　57 歲 [　　　　]

58 店 [　　　　]

02 다음 訓과 音을 가진 漢字를 쓰세요. (59~63)

59 재주 재 　　　　　[　　　　]

60 한가지 공 　　　　[　　　　]

61 줄 선 　　　　　　[　　　　]

62 날랠 용 　　　　　[　　　　]

63 창 창 　　　　　　[　　　　]

03 다음 漢字의 약자(略字: 획수를 줄인 글자)를 쓰세요. (64~66)

64 對 　　　　　　　[　　　　]

65 氣 　　　　　　　[　　　　]

66 樂 　　　　　　　[　　　　]

04 다음 (　) 안에 밑줄 친 漢字와 뜻이 반대 또는 상대되는 글자를 〈보기〉에서 찾아 그 번호를 쓰세요. (67~69)

보기	① 短	② 社	③ 遠	④ 太
	⑤ 使	⑥ 始	⑦ 長	⑧ 多

67 많은 사람이 그를 만나기 위해서 (　)近에서 달려왔다.

68 밤샘 협상 끝에 勞(　)는 서로 합의했다.

69 (　)少의 차이는 있지만 지금은 모두 어려운 상황이다.

05 다음 (　) 안에 밑줄 친 漢字와 뜻이 같거나 비슷한 漢字를 〈보기〉에서 찾아 그 번호를 쓰세요. (70~72)

보기	① 待	② 洋	③ 旅	④ 業
	⑤ 仙	⑥ 偉	⑦ 活	⑧ 主

70 부모님의 사랑은 (　)大합니다.

71 우리나라는 삼면이 바다로 둘러싸여 있어 海(　) 산업이 발달했다.

72 섬으로 피서를 떠나는 사람들이 많아서인지 배 안은 (　)客들로 붐볐다.

06 다음 제시한 뜻을 가진 同音語를 〈보기〉에서 찾아 그 번호를 쓰세요. (73~75)

보기	① 週間	② 前聞	③ 苦言	④ 傳聞
	⑤ 朝間	⑥ 古典		

73 苦戰 – (　) : 옛날의 서적이나 작품.

74 前門 – (　) : 다른 사람을 통해 전하여 들음.

75 晝間 – (　) : 월요일부터 일요일까지 한 주일 동안.

07 다음 뜻 맞는 漢字語를 〈보기〉에서 찾아 그 번호를 쓰세요. (76~78)

보기	① 雲集	② 害惡	③ 弱小	④ 會中
	⑤ 首席	⑥ 等級		

76 등급이나 직위 따위에서 맨 윗자리. [　　　　]

77 해가 되는 나쁜 일. [　　　　]

78 구름처럼 모인다는 뜻으로, 많은 사람이 모여듦을 이르는 말. [　　　　]

08 다음 四字成語의 (　) 속에 알맞은 글자를 〈보기〉에서 찾아, 그 번호를 쓰세요. (79~82)

보기	① 在	② 知	③ 流	④ 士
	⑤ 花	⑥ 村	⑦ 綠	⑧ 電

79 (　)農工商 : 예전에 백성을 나누던 네 가지 계급. 선비, 농부, 공장, 상인을 이르던 말.

80 草(　)同色 : 이름은 다르나 따지고 보면 한 가지 것이라는 말.

81 靑山(　)水 : 푸른 산에 흐르는 물이라는 뜻으로, 막힘없이 썩 잘하는 말을 비유적으로 이르는 말.

82 生面不( ) : 서로 한 번도 만난 적이 없어서 전혀 알지 못하는 사람.

09 다음 밑줄 친 단어를 **漢字**로 쓰세요. (83~97)

83 회사 건물에는 넓은 직원 식당이 갖추어져 있습니다. [   ]

84 아버지는 매사에 빈틈이 없으십니다. [   ]

85 비로소 명백한 사실이 밝혀졌습니다. [   ]

86 외출 후에 집에 들어오면 손을 깨끗이 씻어야 합니다. [   ]

87 이해하기 어려운 용어나 내용은 보충 설명이 필요합니다. [   ]

88 우리 학교는 운동 시설이 잘 갖춰져 있습니다. [   ]

89 이번에는 당선이 유력합니다. [   ]

90 우리 집은 조상 대대로 이 동네에서 살아왔습니다. [   ]

91 과거의 잘못에 대해 깊이 반성을 했습니다. [   ]

92 이 지역의 풍토에 맞게 농사를 지어야 합니다. [   ]

93 방화 행위는 확실히 근절되어야 합니다. [   ]

94 한글 표기로 적되 맞춤법에 어긋나지 않도록 주의해야 합니다. [   ]

95 폭력적인 수단을 사용해서는 평화를 이룰 수 없습니다. [   ]

96 그 외국인은 한국어의 발음이 비교적 정확합니다. [   ]

97 세계적으로 유명한 사업가들은 저마다 성공의 비결을 가지고 있습니다. [   ]

10 다음 **漢字**의 짙게 표시한 획은 몇 번째 쓰는 획인지 〈보기〉에서 골라 그 번호를 쓰세요. (98~100)

보기	
① 첫 번째	② 두 번째
③ 세 번째	④ 네 번째
⑤ 다섯 번째	⑥ 여섯 번째
⑦ 일곱 번째	⑧ 여덟 번째
⑨ 아홉 번째	⑩ 열 번째
⑪ 열한 번째	

98 死 [   ]

99 清 [   ]

100 理 [   ]

제95회
2021. 7. 10 시행
(社) 한국어문회 주관·한국한자능력검정회 시행
한자능력검정시험 5급Ⅱ 기출문제
문 항 수 : 100문항
합격문항 : 70문항
제한시간 : 50분

01 다음 밑줄 친 漢字語의 讀音을 쓰세요. (1~35)

- 겉멋보다는 [1]內實있는 생활을 하여야 한다.
- 경찰은 법규 위반 차량을 철저히 [2]團束하기로 하였다.
- 경찰이 그 사건 [3]來歷을 조사하기 시작했다.
- 고유어는 우리말의 [4]基本 바탕을 이루고 있기 때문에 우리나라 사람들은 이 고유어에 대하여 [5]特別한 [6]愛情을 가지고 있다. 〈국어 6〉
- 고체, 액체, [7]氣體의 성질을 알아보고 우리 주위의 [8]物質을 [9]分類해 봅시다. 〈과학 3〉
- 국회는 국가의 예산과 [10]決算을 결정한다.
- 내일 아침 기온이 0도 [11]以下로 떨어질 것이라는 일기예보가 있었다.
- 연구소에서 새로운 감자 [12]種子를 개발했다.
- 늙으신 부모님을 잘 [13]奉養하는 것은 우리나라의 미풍이다.
- 이번 일은 아직 [14]着手를 안 한 상태다.
- 대부분의 아랍 국가는 [15]産油國이다.
- 도로변에 꽃을 심어 도시 [16]美觀을 아름답게 꾸몄다.
- 문자가 없던 [17]上古 시대에는 어떻게 기록을 남길 수 있었을까?
- 바람의 [18]方向은 바람이 불어오는 쪽의 방위로 나타내고 화살표 [19]記號로 표시합니다. 〈과학 3〉
- 비가 오자 동생은 노란색 [20]雨衣를 입고 나갔다.
- 수많은 [21]道德 중에서 국민이라면 꼭 지켜야 할 [22]重要한 것들을 뽑아서 만든 것이 바로 법입니다. 〈생활의 길잡이 6〉
- 오늘 장에 나가 사야할 [23]品目을 하나하나 적었다.
- [24]偉人들은 독서를 통하여 세상을 보는 눈과 진리를 깨우칠 수 있었으며 세상을 [25]變化시킬 수 있었습니다. 〈국어 4〉
- 휴대폰을 2년 동안 사용하기로 [26]約定했다.
- [27]立法, 사법, 행정의 삼권 분립은 권력의 독점을 막을 수 있다.
- 장돌뱅이들은 [28]每週 장을 돌면서 장사를 하였다.
- 올해는 장마가 길어 채소 [29]價格이 폭등했다.
- 쟁쟁한 논객들이 모여들어 [30]時局을 논하였다.
- 질병을 조기에 [31]發見하면 치료가 쉽다.
- 최근 농촌의 부족한 일손은 외국인 노동자로 [32]充當하고 있다.
- 친구는 농담을 자주 하지만 전혀 [33]惡意는 없다.
- 할머니는 손녀가 하늘에서 내려온 [34]仙女처럼 어여쁘다며 자랑하신다.
- 허균은 〈홍길동전〉의 [35]作者이다.

1 [   ]   2 [   ]
3 [   ]   4 [   ]
5 [   ]   6 [   ]
7 [   ]   8 [   ]
9 [   ]   10 [   ]
11 [   ]   12 [   ]
13 [   ]   14 [   ]
15 [   ]   16 [   ]
17 [   ]   18 [   ]
19 [   ]   20 [   ]
21 [   ]   22 [   ]
23 [   ]   24 [   ]
25 [   ]   26 [   ]
27 [   ]   28 [   ]
29 [   ]   30 [   ]
31 [   ]   32 [   ]
33 [   ]   34 [   ]
35 [   ]

02 다음 漢字의 訓과 音을 쓰세요. (36~58)

36 陽 [　　　]	37 友 [　　　]
38 州 [　　　]	39 獨 [　　　]
40 宿 [　　　]	41 凶 [　　　]
42 元 [　　　]	43 結 [　　　]
44 必 [　　　]	45 的 [　　　]
46 兒 [　　　]	47 效 [　　　]
48 宅 [　　　]	49 任 [　　　]
50 首 [　　　]	51 卒 [　　　]
52 流 [　　　]	53 廣 [　　　]
54 說 [　　　]	55 親 [　　　]
56 兵 [　　　]	57 展 [　　　]
58 材 [　　　]	

03 다음 訓과 音을 가진 漢字를 쓰세요. (59~63)

59 눈 설 [　　　　　]

60 화할 화 [　　　　　]

61 마을 촌 [　　　　　]

62 들을 문 [　　　　　]

63 날랠 용 [　　　　　]

04 다음 漢字의 약자(略字: 획수를 줄인 漢字)를 쓰세요. (64~66)

64 對 [　　　　　]

65 萬 [　　　　　]

66 會 [　　　　　]

05 다음 밑줄 친 漢字와 뜻이 반대(또는 상대)되는 漢字를 쓰세요. (67~69)

보기	① 臣　② 性　③ 朗　④ 天 ⑤ 角　⑥ 主　⑦ 害　⑧ 番

67 함박눈이 내려 (　)地가 온통 하얗게 되었다.

68 이 일은 두 사람 사이의 利(　)가 얽혀있는 문제다.

69 도둑놈이 오히려 호통을 치고 있으니 마치 (　)客이 뒤바뀐 것이 아닌가.

06 다음 漢字와 뜻이 같거나 비슷한 漢字를 〈보기〉에서 찾아 그 번호를 쓰세요. (70~72)

보기	① 黃　② 便　③ 章　④ 綠 ⑤ 勝　⑥ 筆　⑦ 節　⑧ 習

70 노래 練(　)을 많이 했더니 목이 잠겼다.

71 어머니의 품처럼 (　)安한 곳은 없을 것이다.

72 한여름 산줄기는 온통 靑(　)의 바다 같다.

07 다음 제시한 漢字語와 뜻에 맞는 同音語를 〈보기〉에서 찾아 그 번호를 쓰세요. (73~75)

보기	① 死戰　② 空老　③ 先到　④ 線圖 ⑤ 功勞　⑥ 事典

73 公路 – (　) : 목적을 이룬 결과로서의 공적.

74 史前 – (　) : 여러 가지 사항을 모아 해설을 붙인 책.

75 鮮度 – (　) : 선으로 나타낸 그림.

08 다음 뜻에 맞는 漢字語를 〈보기〉에서 찾아 그 번호를 쓰세요. (76~78)

보기	① 社交　② 責望　③ 念頭　④ 午夜 ⑤ 米商　⑥ 消日

76 쌀장사. [　　　]

77 여러 사람이 모여 서로 사귐. [　　　]

78 하는 일 없이 세월을 보냄. [　　　]

09 다음 뜻을 가진 성어가 되도록 ( ) 안에 들어갈 적절한 漢字語를 〈보기〉에서 찾아 그 번호를 쓰세요. (79~82)

보기	① 良	② 長	③ 遠	④ 順
	⑤ 雲	⑥ 福	⑦ 知	⑧ 多

79 不( )千里 : 천 리 길도 멀다고 여기지 않음.

80 十年( )己 : 오래전부터 친히 사귀어 잘 아는 사람.

81 ( )藥苦口 : 병에 이로운 좋은 약은 입에 씀.

82 敎學相( ) : 가르치고 배우면서 서로 성장함.

10 다음 문장의 밑줄 친 漢字語를 漢字로 쓰세요. (83~97)

83 3대째 가업인 농장을 삼촌이 경영하기로 했다. [　　　]

84 아직도 남부 지방은 늦더위가 한창이다. [　　　]

85 과거 시험은 인재를 등용하는 관문이었다. [　　　]

86 철수가 범인이 아니라는 명백한 증거가 있다. [　　　]

87 영희는 공부는 못하는 반면에 운동은 잘한다. [　　　]

88 가수의 생명은 가창력이다. [　　　]

89 나이 들수록 적절한 근력 운동을 하는 것이 좋다. [　　　]

90 LED 전구로 바꾸었더니 방이 훨씬 밝아졌다. [　　　]

91 휴대폰을 내려놓고 공부에만 집중했다. [　　　]

92 설과 추석은 온 가족이 모일 수 있는 명절이다. [　　　]

93 감정을 숨기지 말고 솔직하게 표현해 보아라. [　　　]

94 그 정치가는 뛰어난 화술로 많은 사람들을 속였다. [　　　]

95 이모는 삼십 대 후반인데도 이십 대처럼 보인다. [　　　]

96 공기를 주입하자 풍선이 다시 빵빵해졌다. [　　　]

97 나는 어머니가 해주시는 음식이 제일 맛있다. [　　　]

11 다음 漢字의 짙게 표시한 획은 몇 번째 쓰는 획인지 〈보기〉에서 골라 그 번호를 쓰세요. (98~100)

보기	① 첫 번째	② 두 번째
	③ 세 번째	④ 네 번째
	⑤ 다섯 번째	

98 [　　　]

99  [　　　]

100  [　　　]

제96회
2022. 2. 26 시행
(社) 한국어문회 주관·한국한자능력검정회 시행
한자능력검정시험 5급Ⅱ 기출문제
문 항 수 : 100문항
합격문항 : 70문항
제한시간 : 50분

01 다음 밑줄 친 漢字語의 讀音을 쓰세요. (1~35)

• 진정으로 [1]自己 잘못을 반성하는 사람이야말로 성숙한 [2]人格으로 거듭날 수 있습니다. (도덕 5)

• 법은 국가라는 공동체의 규범이지만 규범에는 법 [3]以外에 [4]道德도 있습니다. (생활의 길잡이 6)

• 그는 지도자가 될 자격이 [5]充分합니다.

• 이 연구의 [6]目的은 난치병 치료에 있습니다.

• 기업은 사람들에게 필요한 좋은 [7]商品을 만들어 팔고, 또 회사를 알리는 [8]廣告와 질 좋은 서비스를 하여 이윤을 높입니다. (사회 4)

• 정직은 그들의 [9]友情을 더욱 다져 주었습니다.

• 그는 [10]性質이 조금 급한 편입니다.

• [11]團結하면 큰 힘이 생겨 이길 수 있습니다.

• 경국대전은 [12]朝鮮의 최고 [13]法典으로 백성을 다스리는 데 [14]基本이 되었으며 사회 질서를 유지하는 데에도 [15]重要한 역할을 하였습니다. (사회 5)

• 이순신 장군은 거북선을 만들고 [16]兵士들을 잘 [17]訓練시키면서 준비하였기 때문에 [18]勝利할 수 있었습니다. (생활의 길잡이 2)

• 우리는 [19]庭園이 있는 집으로 이사를 갑니다.

• 이곳은 앞이 탁 트여 [20]展望이 좋습니다.

• 인터넷은 어떻게 [21]使用하느냐에 따라 우리의 삶이 [22]幸福하게 될 수도 있고 불행하게 될 수도 있습니다. (도덕 4)

• 지금 [23]書店에서는 창립 [24]記念으로 할인 판매를 하고 있습니다.

• [25]美術 시간에 여러 교사가 수업을 [26]參觀하였습니다.

• 항상 곁에 있기에 [27]家族 간에 지켜야 할 [28]禮節을 지키지 않고 함부로 [29]行動한 적은 없나요? (도덕 3)

• 국제 경기를 앞두고 국가 대표 선수들은 [30]合宿을 하며 연습을 하고 있습니다.

• 내일 돌려주겠다는 [31]約束으로 책을 빌려갔습니다.

• 우리 백화점은 친절과 [32]奉仕로 고객 여러분을 모십니다.

• 기행문은 여러 가지 [33]形式으로 [34]表現할 수 있습니다. (국어 읽기 4)

• 비행기가 공항에 안전하게 [35]着陸하였습니다.

1 [　　　]		2 [　　　]	
3 [　　　]		4 [　　　]	
5 [　　　]		6 [　　　]	
7 [　　　]		8 [　　　]	
9 [　　　]		10 [　　　]	
11 [　　　]		12 [　　　]	
13 [　　　]		14 [　　　]	
15 [　　　]		16 [　　　]	
17 [　　　]		18 [　　　]	
19 [　　　]		20 [　　　]	
21 [　　　]		22 [　　　]	
23 [　　　]		24 [　　　]	
25 [　　　]		26 [　　　]	
27 [　　　]		28 [　　　]	
29 [　　　]		30 [　　　]	
31 [　　　]		32 [　　　]	
33 [　　　]		34 [　　　]	
35 [　　　]			

02 다음 漢字의 訓과 音을 쓰세요. (36~58)

36 到 [　　　]		37 流 [　　　]	
38 歲 [　　　]		39 筆 [　　　]	
40 雲 [　　　]		41 養 [　　　]	
42 順 [　　　]		43 材 [　　　]	

44 凶 [   ]   45 元 [   ]

46 旅 [   ]   47 變 [   ]

48 偉 [   ]   49 種 [   ]

50 效 [   ]   51 太 [   ]

52 局 [   ]   53 當 [   ]

54 關 [   ]   55 勞 [   ]

56 週 [   ]   57 害 [   ]

58 洗 [   ]

03 다음 訓과 音을 가진 漢字를 쓰세요. (59~63)

59 대신할 대   [   ]

60 부을 주   [   ]

61 반 반   [   ]

62 공 구   [   ]

63 맑을 청   [   ]

04 다음 漢字의 약자(略字: 획수를 줄인 글자)를 쓰세요. (64~66)

64 圖   [   ]

65 發   [   ]

66 讀   [   ]

05 다음 ( ) 안에 밑줄 친 漢字와 뜻이 반대 또는 상대되는 글자를 〈보기〉에서 찾아 그 번호를 쓰세요. (67~69)

보기	① 強	② 晝	③ 遠	④ 過
	⑤ 舊	⑥ 宅	⑦ 惡	⑧ 永

67 新( )의 대립보다는 조화를 이루는 것이 좋습니다.

68 코로나로 인해 ( )夜 교대로 일합니다.

69 한 번 더 기회를 준 후에 功( )를 따져도 늦지 않습니다.

06 다음 ( ) 안에 밑줄 친 漢字와 뜻이 같거나 비슷한 漢字를 〈보기〉에서 찾아 그 번호를 쓰세요. (70~72)

보기	① 實	② 良	③ 必	④ 朗
	⑤ 野	⑥ 責	⑦ 活	⑧ 兒

70 자유에는 ( )任이 따릅니다.

71 집안에서 아이들의 明( )한 웃음소리가 들립니다.

72 학교에 등교하는 ( )童이 횡단보도를 많이 이용하기 때문에 운전자들은 특별히 조심해야 합니다.

07 다음 제시한 뜻을 가진 同音語를 〈보기〉에서 찾아 그 번호를 쓰세요. (73~75)

보기	① 始祖	② 傳聞	③ 電氣	④ 古歌
	⑤ 特別	⑥ 苦待		

73 高價 – ( ) : 옛 노래나 가사.

74 時調 – ( ) : 한 겨레나 가계의 맨 처음이 되는 조상.

75 全文 – ( ) : 다른 사람을 통하여 전해 들음.

08 다음 뜻에 맞는 漢字語를 〈보기〉에서 찾아 그 번호를 쓰세요. (76~78)

보기	① 部首	② 仙藥	③ 雨衣	④ 雪樂
	⑤ 號數	⑥ 韓醫		

76 비옷.   [   ]

77 효험이 썩 좋은 약.   [   ]

78 한자 자전에서 글자를 찾는 길잡이 역할을 하는 공통되는 글자의 한 부분.   [   ]

09 다음 四字成語의 ( ) 속에 알맞은 글자를 〈보기〉에서 찾아, 그 번호를 쓰세요. (79~82)

보기	① 決	② 敬	③ 例	④ 對
	⑤ 客	⑥ 見	⑦ 知	⑧ 者

79 ( )老孝親 : 어른을 공경하고 부모에게 효도함.

80 主( )一體 : 주인과 손이 한몸이라는 데서, 나와 나 밖의 대상이 하나가 됨을 말함.

81 速戰速( ) : 싸움을 오래 끌지 아니하고 빨리 몰아쳐 이기고 짐을 결정함.

82 生面不( ) : 한 번도 만난 적이 없어서 전혀 알지 못하는 사람.

10 다음 밑줄 친 단어를 漢字로 쓰세요. (83~97)

83 우리 모둠은 한국의 세계 유산에 대해 조사했습니다. [   ]

84 홍수를 막기 위해 수문을 열어 둘 필요가 있습니다. [   ]

85 무슨 일을 성취하는 데는 천재보다 노력이 더 유효하다는 것을 알아야 합니다. [   ]

86 인간은 부족한 자원을 얻기 위해 매년 자연을 더 파괴하게 됩니다. [   ]

87 화재 발생을 대비하여 소화 설비를 갖추었습니다. [   ]

88 온실에 온갖 화초를 심어 기르고 있습니다. [   ]

89 과거의 잘못에 대해 깊이 반성을 했습니다. [   ]

90 중간 개표의 집계를 발표하겠습니다. [   ]

91 풍력의 힘으로 풍차는 움직입니다. [   ]

92 원서 접수 창구는 오른쪽에 있습니다. [   ]

93 오늘의 해외 단신을 전해드리겠습니다. [   ]

94 고장 생활 중심지에는 시청, 주민센터 등 공공 기관도 있습니다. [   ]

95 고사장 입실 시간을 지켜야 합니다. [   ]

96 우리나라 국기는 태극기입니다. [   ]

97 그 식당은 음식 가격도 저렴하지만 음식 맛이 매우 좋습니다. [   ]

11 다음 漢字의 짙게 표시한 획은 몇 번째 쓰는 획인지 〈보기〉에서 골라 그 번호를 쓰세요. (98~100)

보기	① 첫 번째	② 두 번째
	③ 세 번째	④ 네 번째
	⑤ 다섯 번째	⑥ 여섯 번째
	⑦ 일곱 번째	⑧ 여덟 번째
	⑨ 아홉 번째	⑩ 열 번째

98

京 [   ]

99

章 [   ]

100

洋 [   ]

제97회
2022. 5. 28 시행
(社) 한국어문회 주관·한국한자능력검정회 시행
한자능력검정시험 5급Ⅱ 기출문제
문 항 수 : 100문항
합격문항 : 70문항
제한시간 : 50분

01 다음 밑줄 친 漢字語의 讀音을 쓰세요. (1~35)

1 '삼국유사'에는 傳說이 많이 실려 있다.
[   ]

2 1년 후에 다시 만날 것을 約束하였다. [   ]

3 가족의 幸福이 가장의 기쁨이다.   [   ]

4 경찰은 公共의 질서를 지키는 파수꾼이다.
[   ]

5 공직자는 財物을 멀리해야 한다.   [   ]

6 關心 속에 남을 배려함이 교양의 근본이다.
[   ]

7 국민의 教養은 나라의 수준을 결정한다.
[   ]

8 그 지역의 體感 온도는 영하 30도에 이른다.
[   ]

9 꽃들은 모두 獨特한 향기를 지녔다. [   ]

10 어려울 때는 모두가 團合하는 것이 중요하다.
[   ]

11 남을 속여도 自己를 속일 수는 없다. [   ]

12 진열대에 다양한 品目이 진열되어 있다.
[   ]

13 旅行을 마치고 집으로 돌아왔다.   [   ]

14 배려와 사랑은 奉仕를 통해 표현할 수 있다.
[   ]

15 土氣란 원래 선비의 기개를 뜻하였다. [   ]

16 歲月은 사람을 기다리지 않고 흘러간다.
[   ]

17 所有는 집착을 낳지만 영원할 수 없다.
[   ]

18 수업 내용을 注意 깊게 들었다.   [   ]

19 안경을 着用하고 나니 멀리 있는 사람도 또렷하게 보인다.   [   ]

20 어린 시절에는 다들 偉人 전기를 즐겨 읽는다.
[   ]

21 여름철에는 특히 過勞하지 않도록 주의해야 한다.   [   ]

22 열차가 다니는 線路로 다니면 위험하다.
[   ]

23 영국이나 일본에는 首相이 있다. [   ]

24 올림픽에서 메달을 따기 위해 強度 높은 훈련을 받았다.   [   ]

25 우리 반에 재미있는 親舊가 있다. [   ]

26 큰아버님께서 마을의 邑長 일을 하신다.
[   ]

27 이 분야는 展望이 밝다.   [   ]

28 이육사의 '廣野'라는 시는 시인의 강한 의지를 보여 준다.   [   ]

29 지도자는 責任을 지는 사람이다. [   ]

30 宅地 재개발 사업을 잘 하여야 주택 정책도 잘 풀린다.   [   ]

31 평소에 節電하는 습관을 길러야 한다. [   ]

32 피아노는 모든 악기의 基本이 된다. [   ]

33 학교에서 放課 후에 특별활동을 한다. [   ]

34 형은 商大 졸업했다.   [   ]

35 화단에는 다양한 種類의 꽃들이 피었다.
[   ]

02 다음 漢字의 訓과 音을 쓰세요. (36~58)

36 材 [   ]   37 效 [   ]
38 良 [   ]   39 卒 [   ]
40 觀 [   ]   41 化 [   ]
42 見 [   ]   43 情 [   ]
44 臣 [   ]   45 雲 [   ]

46 參 [　　　] 　　47 充 [　　　]

48 要 [　　　] 　　49 變 [　　　]

50 筆 [　　　] 　　51 識 [　　　]

52 必 [　　　] 　　53 性 [　　　]

54 惡 [　　　] 　　55 敬 [　　　]

56 局 [　　　] 　　57 念 [　　　]

58 典 [　　　]

03 다음 訓과 音을 가진 漢字를 쓰세요. (59~63)

59 각각 각　　　　　[　　　]

60 귀신 신　　　　　[　　　]

61 집 당　　　　　　[　　　]

62 다스릴 리　　　　[　　　]

63 떼 부　　　　　　[　　　]

04 다음 漢字의 약자(略字: 획수를 줄인 漢字)를 쓰세요. (64~66)

64 圖 [　　　] 　　65 發 [　　　]

66 學 [　　　]

05 다음 밑줄 친 漢字와 뜻이 반대(또는 상대)되는 漢字를 〈보기〉에서 찾아 그 번호를 쓰세요. (67~69)

보기
① 客　　② 凶　　③ 具　　④ 古
⑤ 德　　⑥ 陸　　⑦ 兵　　⑧ 利

67 무슨 일이든 (　)害보다 옳고 그름을 먼저 따져라.

68 主(　)이 마주 앉아 차를 마셨다.

69 봉학이는 (　)今에 보기 드문 명사수였다.

06 다음 漢字와 뜻이 같거나 비슷한 漢字를 〈보기〉에서 찾아 그 번호를 쓰세요. (70~72)

보기
① 能　　② 明　　③ 童　　④ 流
⑤ 到　　⑥ 式　　⑦ 史　　⑧ 當

70 규칙과 格(　)에만 얽매여 있으면 발전이 없다.

71 그는 천성이 (　)朗하고 구김이 없는 사람이다.

72 놀이 공원에서는 兒(　)들의 안전을 위해 안전 요원을 두고 있다.

07 다음 제시한 漢字語와 뜻에 맞는 同音語를 〈보기〉에서 찾아 그 번호를 쓰세요. (73~75)

보기
① 班家　　② 高價　　③ 來歷　　④ 決死
⑤ 老苦　　⑥ 米飮

73 結使 – (　　) : 죽기를 각오하고 결심함.

74 內力 – (　　) : 지금까지 지내온 경로나 경력.

75 美音 – (　　) : 쌀을 푹 끓여 체에 걸러 낸 걸쭉한 음식.

08 다음 뜻에 맞는 漢字語를 〈보기〉에서 찾아 그 번호를 쓰세요. (76~78)

보기
① 開店　　② 陽光　　③ 鮮然　　④ 先例
⑤ 洗禮　　⑥ 樹海

76 새로 가게를 내어 처음으로 영업을 시작함.
　　　　　　　　　　　　　　[　　　]

77 나무의 바다. 울창한 삼림. [　　　]

78 이전부터 있었던 사례. [　　　]

09 다음 뜻을 가진 성어가 되도록 (　) 안에 들어갈 적절한 漢字語를 〈보기〉에서 찾아 그 번호를 쓰세요. (79~82)

보기
① 市　　② 法　　③ 産　　④ 仙
⑤ 風　　⑥ 以　　⑦ 練　　⑧ 面

79 生(　)不知 : 태어나서 만나 본 적이 없는 전혀 모르는 사람

80 雨順(　)調 : 비가 때맞추어 알맞게 내리고 바람이 고르게 불어 줌.

81 (　)實直告 : 사실 그대로 고함.

82 門前成(　) : 집 문 앞이 시장을 이루다시피 함.

10 다음 문장의 밑줄 친 漢字語를 漢字로 쓰세요. (83~97)

83 도시로의 인구 <u>집중</u>은 환경에 영향을 미친다.
[   ]

84 그는 <u>단신</u>이지만 키 큰 선수들을 제치고 국가 대표에 뽑혔다. [   ]

85 과학자들은 <u>외계</u> 어느 곳에 생명체가 있을 가능성이 있다고 한다. [   ]

86 재래시장에서 <u>현금</u>을 주고 두부를 샀다.
[   ]

87 <u>분수</u>는 소수로 나타낼 수 있다. [   ]

88 토의에서는 소수의 <u>반대</u> 의견도 존중해야 한다.
[   ]

89 세계 <u>약소</u>민족 회의에 대표를 파견하였다.
[   ]

90 태권도가 언제부터 <u>시작</u>되었는지 정확히 알 수 없다. [   ]

91 <u>백설</u>로 뒤덮인 겨울산도 그윽한 멋이 있어 좋다.
[   ]

92 학교 <u>신문</u>에 실을 기사 내용을 정리하려고 한다.
[   ]

93 전쟁을 끝내고자 하는 <u>휴전</u> 협상이 진행되었다.
[   ]

94 <u>작년</u> 겨울은 정말 추웠다. [   ]

95 6.25 때 철원, 평강, 김화의 철의 <u>삼각</u> 지대 전투는 치열하였다. [   ]

96 안락하고 <u>평화</u>로운 미래를 설계하는 것 또한 즐겁지 아니한가. [   ]

97 고향에 <u>서신</u> 한 통을 부쳤다. [   ]

11 다음 漢字의 짙게 표시한 획은 몇 번째 쓰는 획인지 〈보기〉에서 골라 그 번호를 쓰세요. (98~100)

보기	
① 첫 번째	② 두 번째
③ 세 번째	④ 네 번째
⑤ 다섯 번째	⑥ 여섯 번째
⑦ 일곱 번째	⑧ 여덟 번째
⑨ 아홉 번째	⑩ 열 번째
⑪ 열한 번째	⑫ 열두 번째
⑬ 열세 번째	

98
 [   ]

99
 [   ]

100
 [   ]

제98회
2022. 8. 27 시행
(社) 한국어문회 주관·한국한자능력검정회 시행
한자능력검정시험 5급Ⅱ 기출문제
문 항 수 : 100문항
합격문항 : 70문항
제한시간 : 50분

01 다음 밑줄 친 漢字語의 讀音을 쓰세요. (1~35)

- 이 싸움은 [1]<u>勝算</u>이 있는지 먼저 미리 철저하게 검토를 해야 한다.
- 분열하지 않고 [2]<u>團結</u>해야만 우리의 뜻을 이룰 수 있다.
- 곧 종착지에 [3]<u>到着</u>할 것이다.
- 절도 있게 상관에게 [4]<u>敬禮</u>를 했다.
- 미래에는 AI [5]<u>課外</u> 선생님이 등장할 것이다.
- 올 상반기 성장률에 대한 [6]<u>集計</u>가 시급히 [7]<u>必要</u>하다
- 그 상황의 변화를 지켜보기 위해 좀더 [8]<u>觀望</u>하기로 했다.
- 운동선수들은 심리에 관한 [9]<u>特別</u> 훈련을 받는다.
- 세계 주요 제조업체들의 재고가 급증했다는 보고가 [10]<u>記事</u>에 났다.
- 사람은 [11]<u>表情</u>으로 감정을 표현한다.
- 그는 이 분야에 대한 [12]<u>識見</u>이 높다.
- 재건축은 정밀[13]<u>安全</u> 진단을 통과해야만 추진할 수 있다.
- 긴 장마로 많은 논의 흙이 [14]<u>流失</u>되어 복구를 해야만 한다.
- 대한민국 임시정부에서는 [15]<u>獨立</u>을 위해 많은 활동을 펼쳤다.
- 뮤지컬에서 주연배우가 [16]<u>登場</u>하자 사람들은 환호했다.
- 코로나 상황으로 많은 택배 근로자들이 [17]<u>晝夜</u>로 일하고 있다.
- 피의자는 결국 자신의 죄를 [18]<u>告白</u>하였다.
- [19]<u>溫室</u> 효과로 지구의 기온 상승은 점점 더 빠르게 올라가고 있다.
- 평균 해수면을 기준으로 같은 높이의 지점을 연결하여 [20]<u>等高線</u>을 그린다.
- 공부를 할 때 [21]<u>目的</u>을 정하는 것은 매우 중요하다.

- 그 구두쇠는 [22]<u>財物</u>을 많이 모았지만 행복하지 않았다.
- 6·25전쟁에서 중공군은 인해 [23]<u>戰術</u>을 펼쳤다.
- 요즘은 전기세, 수도세 등 많은 세금이 오른 것이 [24]<u>體感</u>된다.
- 1907년 네덜란드 헤이그에서 만국 [25]<u>平和</u> 회의가 열렸다.
- 청소년 부모에게도 [26]<u>養育</u> 비용을 지원하는 지역이 있다.
- [27]<u>銀行</u>에 가면 접수 [28]<u>番號</u>를 뽑아서 순서를 기다려야 한다.
- 서점에 가면 한 과목의 문제집도 [29]<u>種類</u>가 매우 다양하다.
- 그 청년은 외국의 대기업 인재 채용에 [30]<u>合格</u>했다.
- 공문서에는 [31]<u>親筆</u>로 서명을 요구하는 곳이 많다.
- 각 지역마다 특이한 [32]<u>商店</u>들이 많이 몰려 있는 곳들이 있다.
- [33]<u>先約</u>이 있어서 선생님은 먼저 자리에서 일어나셨다.
- 그 사건은 경찰의 조사 결과에 따라 새로운 [34]<u>局面</u>을 맞이했다.
- 그 회사에 입사하기 위해서는 총 5번의 인터뷰를 [35]<u>通過</u>해야 한다.

1 [	]	2 [	]
3 [	]	4 [	]
5 [	]	6 [	]
7 [	]	8 [	]
9 [	]	10 [	]
11 [	]	12 [	]
13 [	]	14 [	]
15 [	]	16 [	]
17 [	]	18 [	]

19 [	]	20 [	]
21 [	]	22 [	]
23 [	]	24 [	]
25 [	]	26 [	]
27 [	]	28 [	]
29 [	]	30 [	]
31 [	]	32 [	]
33 [	]	34 [	]
35 [	]		

02 다음 漢字의 訓과 音을 쓰세요. (36~58)

36 開 [	]	37 廣 [	]
38 念 [	]	39 德 [	]
40 旅 [	]	41 變 [	]
42 奉 [	]	43 席 [	]
44 畫 [	]	45 昨 [	]
46 練 [	]	47 切 [	]
48 雲 [	]	49 首 [	]
50 速 [	]	51 油 [	]
52 米 [	]	53 宿 [	]
54 住 [	]	55 族 [	]
56 效 [	]	57 章 [	]
58 産 [	]		

03 다음 訓과 音을 가진 漢字를 쓰세요. (59~63)

59 공 공	[	]
60 짧을 단	[	]
61 재주 재	[	]
62 사라질 소	[	]
63 번개 전	[	]

04 다음 漢字의 약자(略字: 획수를 줄인 漢字)를 쓰세요. (64~66)

| 64 讀 [|] | 65 數 [|] |

66 圖 [   ]

05 다음 밑줄 친 漢字와 뜻이 반대(또는 상대)되는 漢字를 쓰세요. (67~69)

67 그 사람은 <u>多</u>( ) 과장된 몸짓으로 놀라는 척했다.

68 두 나라는 자국의 경제를 위해 이번 협상에 <u>死</u>( )을 걸었다.

69 부모님은 여행 간 아들이 걱정되어 <u>朝</u>( )으로 전화를 했다.

06 다음 漢字와 뜻이 같거나 비슷한 漢字를 〈보기〉에서 찾아 그 번호를 쓰세요. (70~72)

| 보기 | ① 元 | ② 年 | ③ 道 | ④ 敎 |
| | ⑤ 交 | ⑥ 然 | ⑦ 節 | ⑧ 度 |

70 모든 일에는 지나고 나면 얻는 ( )訓이 있다.

71 금요일 오후 ( )路에는 휴가 가는 차들로 붐빈다.

72 어른의 나이를 말할 때는 ( )歲라고 해야 한다.

07 다음 제시한 漢字語와 뜻에 맞는 同音語를 〈보기〉에서 찾아 그 번호를 쓰세요. (73~75)

| 보기 | ① 歷史 | ② 偉大 | ③ 說服 | ④ 童話 |
| | ⑤ 始球 | ⑥ 例式 | | |

73 市區 - ( ) : 경기에서 처음으로 공을 던지는 일.

74 冬花 - ( ) : 어린이를 위한 이야기.

75 力士 - ( ) : 과거부터 지금까지 변천 하는 흥망에 관한 기록.

08 다음 뜻에 맞는 漢字語를 〈보기〉에서 찾아 그 번호를 쓰세요. (76~78)

| 보기 | ① 美風 | ② 本部 | ③ 庭園 | ④ 新舊 |
| | ⑤ 靑天 | ⑥ 陽地 | | |

76 새것과 헌것. [   ]

77 각종 기관과 단체의 중심이 되는 조직.

[   ]

78 볕이 드는 곳. [   ]

09 다음 뜻을 가진 성어가 되도록 ( ) 안에 들어갈 적절한 漢字語를 〈보기〉에서 찾아 그 번호를 쓰세요. (79~82)

보기	① 窓	② 手	③ 愛	④ 不
	⑤ 發	⑥ 參	⑦ 能	⑧ 色

79 各人各( ) : 사람마다 각각 다름.

80 百( )百中 : 무슨 일이나 틀림없이 잘 들어맞음.

81 身土( )二 : 자기가 사는 땅에서 자란 농산물이 체질에 잘 맞음을 이르는 말.

82 自( )成家 : 자기 혼자 힘으로 재산을 많이 모음.

10 다음 문장의 밑줄 친 漢字語를 漢字로 쓰세요. (83~97)

83 요즘은 학교 운동장을 개방한다. [   ]

84 어떤 고생이라도 견뎌낼 용의가 있다. [   ]

85 고속도로에 도깨비가 출현한다는 소문이 무성했다. [   ]

86 사업에 실패한 후 그는 식음을 전폐하고 며칠을 지냈다. [   ]

87 공원은 도시에서 사람들이 휴식하는 중요한 공간이다. [   ]

88 나이가 들수록 새로운 것을 받아들이는 용기가 필요하다. [   ]

89 몸이 아플 때 그 의사 선생님을 만난 것은 큰 행운이었다. [   ]

90 형제들은 서로 의지하며 행복하게 살았다. [   ]

91 이 땅의 아름다운 산천을 구석구석 모두 다니고 싶다. [   ]

92 동네 어르신께 춘추를 여쭈어 보았다. [   ]

93 농업은 나라의 중요한 산업이다. [   ]

94 산림청에서는 식목일에 나무심기 행사를 한다. [   ]

95 그는 실리와 명분 사이에서 고민했다. [   ]

96 그 집은 부자 사이가 참 다정하다. [   ]

97 사람들은 노후에 대비하여 저축을 한다. [   ]

11 다음 漢字의 짙게 표시한 획은 몇 번째 쓰는 획인지 〈보기〉에서 골라 그 번호를 쓰세요. (98~100)

보기	① 첫 번째	② 두 번째
	③ 세 번째	④ 네 번째
	⑤ 다섯 번째	

98

[   ]

99

[   ]

100

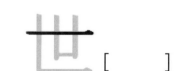

[   ]

제99회
2022. 11. 26 시행

(社) 한국어문회 주관·한국한자능력검정회 시행

문 항 수 : 100문항
합격문항 : 70문항
제한시간 : 50분

한자능력검정시험 5급Ⅱ 기출문제

01 다음 밑줄 친 漢字語의 讀音을 쓰세요. (1~35)

1 영희는 <u>明朗</u>하고 솔직한 성격이다. [   ]

2 혹부리 영감은 도깨비가 산다는 <u>凶家</u>를 찾아
   갔다.   [   ]

3 한의사는 환자에게 녹용을 <u>藥材</u>로 썼다.
                                       [   ]

4 이장은 마을 일에 헌신적 <u>勞苦</u>를 아끼지 않았다.
                                       [   ]

5 그는 학문과 <u>德望</u>이 높은 선비로 알려져 있다.
                                       [   ]

6 반장을 <u>筆頭</u>로 체육대회에 모든 노력을 기울
   였다.   [   ]

7 겉멋보다는 <u>內實</u>있는 생활을 하여야 한다.
                                       [   ]

8 청소년은 미래를 <u>責任</u>질 나라의 기둥이다.
                                       [   ]

9 눈 쌓인 들판은 <u>銀色</u>으로 빛났다. [   ]

10 비가 올 것이라는 예보에 <u>向後</u> 여행 일정을 변
   경하였다.   [   ]

11 저는 삼 <u>兄弟</u>의 장남입니다.   [   ]

12 과일이 잘 익으려면 충분한 햇볕이 <u>必要</u>하다.
                                       [   ]

13 홍길동은 탐관오리들의 <u>財物</u>을 가난한 백성들
   에게 나누어 주었다.   [   ]

14 제주도는 천혜의 절경을 자랑하고 있는 <u>觀光</u>
   의 명소이다.   [   ]

15 농업도 스마트 팜이라는 <u>特化</u>된 산업으로 발
   전하고 있다.   [   ]

16 이 공원은 지난달부터 일반에게 <u>公開</u>되었다.
                                       [   ]

17 제사에 쓴 음식을 나누어 먹는 것을 <u>飮福</u>이라
   한다.   [   ]

18 이 사과나무는 개량 <u>品種</u>이라 병충해에 강하다.
                                       [   ]

19 물은 산소와 수소의 <u>結合</u>으로 이루어진다.
                                       [   ]

20 모두 그의 유창한 언변에 <u>說服</u> 당했다.
                                       [   ]

21 소크라테스는 '<u>惡法</u>도 법이다'라는 말을 남겼다.
                                       [   ]

22 선수들은 필승의 <u>決意</u>를 다졌다. [   ]

23 <u>黃土</u>는 천연 염료로도 쓰인다. [   ]

24 베토벤은 자신의 역경을 극복한 <u>偉大</u>한 음악
   가이다.   [   ]

25 선생님께서 이 종의 <u>來歷</u>을 설명해주셨다.
                                       [   ]

26 허준의 뛰어난 <u>醫術</u>은 오늘날까지 전해지고
   있다.   [   ]

27 <u>新鮮</u>한 새벽 공기가 머리를 맑게 해 주었다.
                                       [   ]

28 <u>良識</u>이 있는 사람은 말을 함부로 하지 않는다.
                                       [   ]

29 예선전에서 우리 팀이 <u>樂勝</u>을 거두었다.
                                       [   ]

30 거리는 <u>商店</u>과 사람들로 가득 차 있었다.
                                       [   ]

31 두 식이나 두 수가 같음을 나타내는 부호 '='
   를 <u>等號</u>라고 한다.   [   ]

32 한국의 대표적인 <u>名節</u>로는 설과 추석을 들 수
   있다.   [   ]

제99회 **한자능력검정시험 5급Ⅱ 기출문제**

33 선생님은 우리말에 대한 <u>愛情</u>과 관심이 남다른 분이시다. [　　　]

34 죽순 요리는 아삭거리는 <u>質感</u>이 일품이다. [　　　]

35 최근 <u>類例</u>가 드문 기상 이변들이 자주 발생하고 있다. [　　　]

02 다음 漢字의 訓과 音을 쓰세요. (36~58)

36 見 [　]		**37** 奉 [　]
38 效 [　]		**39** 敬 [　]
40 格 [　]		**41** 客 [　]
42 州 [　]		**43** 到 [　]
44 切 [　]		**45** 養 [　]
46 産 [　]		**47** 充 [　]
48 告 [　]		**49** 性 [　]
50 雨 [　]		**51** 具 [　]
52 仕 [　]		**53** 課 [　]
54 己 [　]		**55** 展 [　]
56 臣 [　]		**57** 的 [　]
58 當 [　]		

03 다음 訓과 音을 가진 漢字를 쓰세요. (59~63)

59 반 반 [　　　]

60 지경 계 [　　　]

61 눈 설 [　　　]

62 부을 주 [　　　]

63 약할 약 [　　　]

04 다음 漢字의 약자(略字: 획수를 줄인 漢字)를 쓰세요. (64~66)

64 戰 [　　　]

65 體 [　　　]

66 對 [　　　]

05 다음 밑줄 친 漢字와 뜻이 반대(또는 상대)되는 漢字를 쓰세요. (67~69)

보기	① 廣	② 生	③ 仙	④ 參
	⑤ 海	⑥ 兒	⑦ 洗	⑧ 害

67 옛날에는 태평양을 항해하는 것이 (　)死를 건 모험이었다.

68 그 일은 여러 사람의 利(　)관계가 얽혀 있는 복잡한 문제이다.

69 적을 몰아내기 위해 (　)陸 양면에서 공격을 감행했다.

06 다음 漢字와 뜻이 같거나 비슷한 漢字를 〈보기〉에서 찾아 그 번호를 쓰세요. (70~72)

보기	① 畫	② 順	③ 關	④ 歲
	⑤ 週	⑥ 以	⑦ 練	⑧ 團

70 아이는 圖(　)지에 크레파스로 그림을 그렸다.

71 무엇이든 꾸준히 (　)習을 해야 실력이 는다.

72 개미나 벌은 集(　)을 이루고 산다.

07 다음 제시한 漢字語와 뜻에 맞는 同音語를 〈보기〉에서 찾아 그 번호를 쓰세요. (73~75)

보기	① 始祖	② 史記	③ 市朝	④ 口傳
	⑤ 球電	⑥ 社旗		

73 舊典 - (　　) : 말로 전하여 내려옴.

74 士氣 - (　　) : 역사적 사실을 기록한 책.

75 時調 - (　　) : 맨 처음이 되는 조상.

08 다음 뜻에 맞는 漢字語를 〈보기〉에서 찾아 그 번호를 쓰세요. (76~78)

보기	① 宿念	② 基線	③ 通過	④ 和約
	⑤ 宅地	⑥ 綠雲		

76 기준이 되는 선. [　　　]

한자능력검정시험 5급Ⅱ

96

제99회 기출문제

77 화목하게 지내자는 약속. [   ]

78 집을 지을 땅. [   ]

09 다음 뜻을 가진 성어가 되도록 (   ) 안에 들어갈 적절한 漢字語를 〈보기〉에서 찾아 그 번호를 쓰세요. (79~82)

보기	① 知	② 人	③ 友	④ 古
	⑤ 兵	⑥ 水	⑦ 獨	⑧ 元

79 萬(   )不變 : 아주 오랜 세월 동안 변하지 아니함.

80 安分(   )足 : 편안한 마음으로 제 분수를 지키며 만족할 줄을 앎.

81 (   )相着衣 : 사람의 생김새와 입고 있는 옷.

82 靑山流(   ) : 푸른 산에 거침없이 흐르는 맑은 물. 막힘없이 썩 잘하는 말.

10 다음 문장의 밑줄 친 漢字語를 漢字로 쓰세요. (83~97)

83 나는 <u>방학</u> 동안에 4권의 위인전을 읽었다. [   ]

84 우리나라가 달 탐사 로켓 발사에 <u>성공</u>했다. [   ]

85 그는 뜻밖의 <u>행운</u>에 덩실덩실 춤을 추었다. [   ]

86 이번 경기는 반드시 이길 것이라고 <u>자신</u>한다. [   ]

87 이 기계는 너무 낡아 <u>작동</u>이 안 된다. [   ]

88 인터넷을 통해 다양한 정보의 <u>공유</u>가 가능해졌다. [   ]

89 바람에 <u>창문</u>이 덜컹거렸다. [   ]

90 산에 임도를 내면 다양한 <u>임업</u> 활동을 할 수 있다. [   ]

91 경기가 좋아지자 소비 <u>심리</u>가 되살아났다. [   ]

92 지난 목요일에 노벨문학상 수상자가 <u>발표</u>되었다. [   ]

93 허준은 당대의 명의로 <u>소문</u>나 있었다. [   ]

94 도로가 유실되어 <u>외부</u>와의 연락이 끊겼다. [   ]

95 우리 반은 물자 절약을 위해 이면지를 <u>활용</u>하기로 하였다. [   ]

96 영희는 셈에 밝아서 <u>계산</u>이 틀리는 일이 없다. [   ]

97 오늘은 <u>소풍</u>을 가기에 딱 좋은 날씨이다. [   ]

11 다음 漢字의 짙게 표시한 획은 몇 번째 쓰는 획인지 〈보기〉에서 골라 그 번호를 쓰세요. (98~100)

보기	① 첫 번째	② 두 번째
	③ 세 번째	④ 네 번째
	⑤ 다섯 번째	⑥ 여섯 번째
	⑦ 일곱 번째	⑧ 여덟 번째
	⑨ 아홉 번째	⑩ 열 번째

98

[   ]

99

[   ]

100

[   ]

제100회
2023. 2. 25 시행
(社) 한국어문회 주관·한국한자능력검정회 시행
한자능력검정시험 5급Ⅱ 기출문제
문 항 수 : 100문항
합격문항 : 70문항
제한시간 : 50분

01 다음 밑줄 친 漢字語의 讀音을 쓰세요. (1~35)

1 그 일이 이루어지기를 苦待하였다. [   ]

2 나는 친구의 病室을 찾아 위로하였다. [   ]

3 그 제품은 인기 상품이라 오전에 品切되었다.
[   ]

4 부모님은 형제간의 우애와 친척간의 화목을 強調하셨다. [   ]

5 그는 연금을 생활비에 充當하였다. [   ]

6 밥을 빨리 먹었더니 消化가 잘 안된다.
[   ]

7 언론은 사실만을 보도해야 하는 責任을 지닌다.
[   ]

8 그는 親筆로 답장을 써서 보냈다. [   ]

9 요즈음 過勞로 병을 얻는 직장인들이 많아지고 있다. [   ]

10 겨울이 지났으니 冬服을 넣어야 되겠다.
[   ]

11 요즘 育兒 문제로 고민하는 맞벌이 부부가 많다.
[   ]

12 어려운 形局에 직면했지만 잘 극복해 나갔다.
[   ]

13 영호는 어려서부터 交友 관계가 좋다. [   ]

14 그 의사는 우리 동네의 名醫로 소문이 자자하다.
[   ]

15 그것은 나하고는 相關없는 일이다. [   ]

16 조금 일찍 출발해 約束보다 30분 일찍 도착했다.
[   ]

17 사람들은 그의 告別 연설을 듣고 감명을 받았다.
[   ]

18 그 책은 유교적 史觀으로 쓰인 역사책이다.
[   ]

19 그는 여행을 통하여 見聞을 넓혔다. [   ]

20 비행기가 안전하게 着陸하였다. [   ]

21 그는 아무런 說明도 없이 갑자기 집으로 갔다.
[   ]

22 요즘 낮과 밤의 溫度 차이가 크다. [   ]

23 놀부는 아버지가 물려준 財産을 독차지하였다.
[   ]

24 그는 아직 세상 物情을 잘 모른다. [   ]

25 동생은 올해 초등학교를 卒業하고 중학교에 입학하였다. [   ]

26 그 백화점의 開店 시간은 오전 10시이다.
[   ]

27 이 동네 사람들 太半이 그 사실을 모른다.
[   ]

28 경기가 차츰 좋으리라는 展望이 나왔다.
[   ]

29 이 건축물은 조선 시대의 獨特한 건축 양식을 보여 준다. [   ]

30 그는 根本이 좋은 사람이다. [   ]

31 우리 반은 順番을 정해서 청소를 했다.
[   ]

32 그는 굳은 信念을 지닌 사람이다. [   ]

33 선약이 있어서 그 모임에 參席이 어렵게 되었다
[   ]

34 큰 화재에도 불구하고 그중 多幸인 것은 사상자가 없다는 것이다. [   ]

35 국제 경기를 앞두고 국가 대표 선수들은 合宿을 하며 연습을 하고 있다. [   ]

02 다음 漢字의 訓과 音을 쓰세요. (36~58)

36 結 [　　　]   37 州 [　　　]

38 必 [　　　]   39 到 [　　　]

40 練 [　　　]   41 鮮 [　　　]

42 材 [　　　]   43 凶 [　　　]

44 歷 [　　　]   45 商 [　　　]

46 節 [　　　]   47 養 [　　　]

48 害 [　　　]   49 洗 [　　　]

50 質 [　　　]   51 廣 [　　　]

52 雲 [　　　]   53 朗 [　　　]

54 首 [　　　]   55 雨 [　　　]

56 類 [　　　]   57 基 [　　　]

58 要 [　　　]

03 다음 訓과 音을 가진 漢字를 쓰세요. (59~63)

59 어제 작 [　　　]

60 겉 표 [　　　]

61 이룰 성 [　　　]

62 급할 급 [　　　]

63 집 당 [　　　]

04 다음 漢字의 약자(略字: 획수를 줄인 漢字)를 쓰세요. (64~66)

64 會 [　　　]

65 圖 [　　　]

66 發 [　　　]

05 다음 밑줄 친 漢字와 뜻이 반대(또는 상대)되는 漢字를 〈보기〉에서 찾아 그 번호를 쓰세요. (67~69)

> 보기
> ① 今   ② 元   ③ 遠   ④ 晝
> ⑤ 週   ⑥ 舊   ⑦ 具   ⑧ 畫

67 이번 주는 (　)夜 교대로 일해야 한다.

68 재도약하려면 대립하기보다는 新(　)의 조화가 필요하다.

69 많은 사람이 그를 만나기 위해서 (　)近에서 달려왔다.

06 다음 漢字와 뜻이 같거나 비슷한 漢字를 〈보기〉에서 찾아 그 번호를 쓰세요. (70~72)

> 보기
> ① 路   ② 果   ③ 旅   ④ 課
> ⑤ 德   ⑥ 光   ⑦ 大   ⑧ 美

70 과수원에서 방금 딴 實(　)이므로 싱싱하다.

71 이번 연휴가 길어서인지 공항은 (　)客들로 붐볐다.

72 우리도 후손들에게 偉(　)한 유산을 물려주어야 한다.

07 다음 제시한 漢字語와 뜻에 맞는 同音語를 〈보기〉에서 찾아 그 번호를 쓰세요. (73~75)

> 보기
> ① 洋食   ② 樹種   ③ 高價   ④ 古歌
> ⑤ 良識   ⑥ 水種

73 數種 – (　) : 나무의 종류.

74 洋式 – (　) : 뛰어난 식견이나 건전한 판단.

75 高歌 – (　) : 비싼 가격.

08 다음 뜻에 맞는 漢字語를 〈보기〉에서 찾아 그 번호를 쓰세요. (76~78)

> 보기
> ① 仙藥   ② 傳記   ③ 先樂   ④ 勇兵
> ⑤ 軍士   ⑥ 題字

76 용감한 군사. [　　　]

77 효험이 썩 좋은 약. [　　　]

78 한 사람의 일생 동안의 행적을 적은 기록. [　　　]

09 다음 뜻을 가진 성어가 되도록 ( ) 안에 들어갈 적절한 漢字語를 〈보기〉에서 찾아 그 번호를 쓰세요. (79~82)

보기	① 衣	② 感	③ 知	④ 團
	⑤ 才	⑥ 決	⑦ 以	⑧ 敬

79 ( )天愛人 : 하늘을 공경하고 사람을 사랑함.

80 十年( )己 : 오래 전부터 사귀어 잘 아는 사람.

81 白( )民族 : 흰옷을 입은 민족이란 뜻으로 '한 민족'을 이름.

82 速戰速( ) : 싸움을 오래 끌지 않고 빨리 몰아 쳐 이기고 짐을 결정함.

09 다음 문장의 밑줄 친 漢字語를 漢字로 쓰세요. (83~97)

83 할아버지의 심기가 많이 불편하시다. [   ]

84 내일까지 해결할 방도를 마련하기로 했다. [   ]

85 공공 도서관에서 잡담을 해서는 안된다. [   ]

86 이번 일을 신분 상승의 기회로 삼는 것은 좋지 않다. [   ]

87 최종 집계가 조금 있으면 나온다. [   ]

88 배운 이론을 현장에 적용할 필요가 있다. [   ]

89 우리는 자리를 좁혀 한 사람 더 앉을 공간을 만들었다. [   ]

90 할머니가 들려주시는 동화는 재미있다. [   ]

91 차가 고장이 났는지 자꾸 시동이 꺼진다. [   ]

92 이 지역의 풍토에 맞게 농사를 지어야 한다. [   ]

93 삼촌이 아버지 대리로 모임에 참석했다. [   ]

94 나는 토요일마다 등산을 한다. [   ]

95 언니는 결혼하여 한 가정을 이루었다. [   ]

96 할머니께서는 생전에 통일이 되는 것을 보고 싶다고 하셨다. [   ]

97 두 팀은 실력이 대등해서 결과를 예상하기 어렵다. [   ]

10 다음 漢字의 짙게 표시한 획은 몇 번째 쓰는 획인지 〈보기〉에서 골라 그 번호를 쓰세요. (98~100)

보기	① 첫 번째	② 두 번째
	③ 세 번째	④ 네 번째
	⑤ 다섯 번째	⑥ 여섯 번째
	⑦ 일곱 번째	⑧ 여덟 번째
	⑨ 아홉 번째	⑩ 열 번째
	⑪ 열한 번째	

98  [   ]

99  [   ]

100  [   ]

【제93회】 기출문제(77p~79p)

1 세계	2 문화	3 상품	4 부족
5 해악	6 낙관	7 공단	8 민족
9 평화	10 노고	11 당시	12 인종
13 운동	14 전개	15 온순	16 언약
17 대결	18 친우	19 방류	20 산물
21 만병	22 가객	23 필요	24 실학
25 염두	26 여성	27 대표자	28 시작
29 역사	30 독립	31 정착	32 편법
33 점주	34 통과	35 금은	36 고을 주
37 흥할 흥	38 섬길 사	39 모을 집	40 채울 충
41 신선 선	42 터 기	43 씻을 세	44 뭍 륙
45 꽃부리 영	46 밝을 랑	47 끊을 절 ǀ 온통 체	48 마디 절
49 복 복	50 알 식	51 다를/나눌 별	52 재목 재
53 클 위	54 큰 덕	55 기름 유	56 기를 양
57 본받을 효	58 합할 합	59 昨	60 省
61 幸	62 共	63 理	64 战, 戰
65 体	66 会	67 ②	68 ④
69 ③	70 ⑦	71 ⑤	72 ④
73 ②	74 ①	75 ⑤	76 ①
77 ⑥	78 ③	79 ⑦	80 ③
81 ⑧	82 ⑤	83 家業	84 南部
85 道術	86 利用	87 明白	88 所重
89 勇氣	90 注意	91 出發	92 土地
93 風車	94 海草	95 分數	96 內心
97 三角	98 ⑧	99 ⑤	100 ⑤

【제95회】 기출문제(83p~85p)

1 내실	2 단속	3 내력	4 기본
5 특별	6 애정	7 기체	8 물질
9 분류	10 결산	11 이하	12 종자
13 봉양	14 착수	15 산유국	16 미관
17 상고	18 방향	19 기호	20 우의
21 도덕	22 중요	23 품목	24 위인
25 변화	26 약정	27 입법	28 매주
29 가격	30 시국	31 발견	32 충당
33 악의	34 선녀	35 작자	36 볕 양
37 벗 우	38 고을 주	39 홀로 독	40 잘 숙 ǀ 별자리 수
41 흥할 흥	42 으뜸 원	43 맺을 결	44 반드시 필
45 과녁 적	46 아이 아	47 본받을 효	48 집 택
49 맡길 임	50 머리 수	51 마칠 졸	52 흐를 류
53 넓을 광	54 말씀 설 ǀ 달랠 세	55 친할 친	56 병사 병
57 펼 전	58 재목 재	59 雪	60 和
61 村	62 聞	63 勇	64 対
65 万	66 会	67 ④ 天	68 ⑦ 害
69 ⑥ 主	70 ⑧ 習	71 ② 便	72 ④ 綠
73 ⑤ 功勞	74 ⑥ 事典	75 ④ 線圖	76 ⑤ 米商
77 ① 社交	78 ⑥ 消日	79 ③ 遠	80 ⑦ 知
81 ① 良	82 ② 長	83 家業	84 南部
85 登用	86 明白	87 反面	88 生命
89 運動	90 電球	91 集中	92 秋夕
93 表現	94 話術	95 後半	96 注入
97 飮食	98 ②	99 ②	100 ④

【제94회】 기출문제(80p~82p)

1 세수	2 친구	3 과속	4 행복
5 소망	6 방법	7 연습	8 변덕
9 분야	10 원로	11 문화	12 재산
13 우의	14 사관	15 자필	16 독립
17 조절	18 효과	19 약속	20 도착
21 가격	22 아동	23 특별	24 주의
25 종류	26 작품	27 인정	28 당번
29 교대	30 강도	31 합숙	32 신선
33 책임	34 결정	35 상관	36 바탕 질
37 갖출 구	38 기를 양	39 열매 실	40 섬길 사
41 몸 기	42 밝을 랑	43 둥글 단	44 병사 병
45 순할 순	46 채울 충	47 벗 우	48 집 택/대
49 반드시 필	50 넓을 광	51 공경 경	52 고을 주
53 펼 전	54 생각 념	55 지날 력	56 받들 봉
57 해 세	58 가게 점	59 才	60 共
61 線	62 勇	63 窓	64 対
65 気	66 楽	67 ③	68 ⑥
69 ⑧	70 ⑥	71 ②	72 ③
73 ⑥	74 ④	75 ①	76 ⑤
77 ②	78 ①	79 ④	80 ⑦
81 ③	82 ②	83 食堂	84 每事
85 明白	86 外出	87 用語	88 運動
89 有力	90 祖上	91 反省	92 風土
93 放火	94 表記	95 平和	96 發音
97 成功	98 ⑥	99 ⑪	100 ⑧

【제96회】 기출문제(86p~88p)

1 자기	2 인격	3 이외	4 도덕
5 충분	6 목적	7 상품	8 광고
9 우정	10 성질	11 단결	12 조선
13 법전	14 기본	15 중요	16 병사
17 훈련	18 승리	19 정원	20 전망
21 사용	22 행복	23 서점	24 기념
25 미술	26 참관	27 가족	28 예절
29 행동	30 합숙	31 약속	32 봉사
33 형식	34 표현	35 착륙	36 이를 도
37 흐를 류	38 해 세	39 붓 필	40 구름 운
41 기를 양	42 순할 순	43 재목 재	44 흥할 흥
45 으뜸 원	46 나그네 려	47 변할 변	48 클 위
49 씨 종	50 본받을 효	51 클 태	52 판 국
53 마땅 당	54 관계할 관	55 일할 로	56 주일 주
57 해할 해	58 씻을 세	59 代	60 注
61 半	62 球	63 淸	64 図
65 発	66 読	67 ⑤	68 ②
69 ④	70 ⑤	71 ④	72 ⑧
73 ④	74 ①	75 ②	76 ③
77 ②	78 ①	79 ②	80 ⑤
81 ①	82 ⑦	83 世界	84 水門
85 天才	86 每年	87 消火	88 花草
89 反省	90 集計	91 風車	92 窓口
93 短信	94 公共	95 入室	96 國旗
97 食堂	98 ⑥	99 ⑩	100 ⑨

【제97회】 기출문제(89p~91p)

1 전설	2 약속	3 행복	4 공공
5 재물	6 관심	7 교양	8 체감
9 독특	10 단합	11 자기	12 품목
13 여행	14 봉사	15 사기	16 세월
17 소유	18 주의	19 착용	20 위인
21 과로	22 선로	23 수상	24 강도
25 친구	26 읍장	27 전망	28 광야
29 책임	30 택지	31 절전	32 기본
33 방과	34 상대	35 종류	36 재목 재
37 본받을 효	38 어질 량	39 마칠 졸	40 볼 관
41 될 화	42 볼 견｜뵈올 현		43 뜻 정
44 신하 신	45 구름 운	46 참여할 참	47 채울 충
48 요긴할 요	49 변할 변	50 붓 필	51 알 식
52 반드시 필	53 성품 성	54 악할 악｜미워할 오		55 공경 경	56 판[形局] 국	57 생각 념	58 법 전
59 各	60 神	61 堂	62 理
63 部	64 図	65 発	66 学
67 ⑧	68 ①	69 ④	70 ⑥
71 ②	72 ③	73 ④	74 ③
75 ⑥	76 ①	77 ⑥	78 ④
79 ⑧	80 ⑤	81 ⑥	82 ①
83 集中	84 短身	85 外界	86 現金
87 分數	88 反對	89 弱小	90 始作
91 白雪	92 新聞	93 休戰	94 昨年
95 三角	96 平和	97 書信	98 ⑤
99 ⑧	100 ⑬		

【제99회】 기출문제(95p~97p)

1 명랑	2 흉가	3 약재	4 노고
5 덕망	6 필두	7 내실	8 책임
9 은색	10 향후	11 형제	12 필요
13 재물	14 관광	15 특화	16 공개
17 음복	18 품종	19 결합	20 설복
21 악법	22 결의	23 황토	24 위대
25 내력	26 의술	27 신선	28 양식
29 낙승	30 상점	31 등호	32 명절
33 애정	34 질감	35 유례	36 볼 견｜뵈올 현
37 받들 봉	38 본받을 효	39 공경 경	40 격식 격
41 손 객	42 고을 주	43 이를 도	44 끊을 절｜온통 체
45 기를 양	46 낳을 산	47 채울 충	48 고할 고
49 성품 성	50 비 우	51 갖출 구	52 섬길 사
53 공부할/과정 과	54 몸 기	55 펼 전	56 신하 신
57 과녁 적	58 마땅 당	59 半	60 界
61 雪	62 注	63 弱	64 战, 戰
65 体	66 対	67 ② 生	68 ⑧ 害
69 ⑤ 海	70 ① 畫	71 ⑦ 練	72 ⑧ 團
73 ④ 口傳	74 ② 史記	75 ① 始祖	76 ② 基線
77 ④ 和約	78 ⑤ 宅地	79 ④ 古	80 ① 知
81 ② 人	82 ⑥ 水	83 放學	84 成功
85 幸運	86 自信	87 作動	88 共有
89 窓門	90 林業	91 心理	92 發表
93 所聞	94 外部	95 活用	96 計算
97 消(逍)風	98 ⑧	99 ①	100 ③

【제98회】 기출문제(92p~94p)

1 승산	2 단결	3 도착	4 경례
5 과외	6 집계	7 필요	8 관망
9 특별	10 기사	11 표정	12 식견
13 안전	14 유실	15 독립	16 등장
17 주야	18 고백	19 온실	20 등고선
21 목적	22 재물	23 전술	24 체감
25 평화	26 양육	27 은행	28 번호
29 종류	30 합격	31 친필	32 상점
33 선약	34 국면	35 통과	36 열 개
37 넓을 광	38 생각 념	39 큰 덕	40 나그네 려
41 변할 변	42 받들 봉	43 자리 석	44 그림 화/그을 획
45 어제 작	46 익힐 련	47 끊을 절/온통 체		48 구름 운
49 머리 수	50 빠를 속	51 기름 유	52 쌀 미
53 잘 숙/별자리 수		54 살 주	55 겨레 족
56 본받을 효	57 글 장	58 낳을 산	59 功
60 短	61 才	62 消	63 電
64 読	65 数	66 図	67 少
68 活	69 夕	70 ④	71 ③
72 ②	73 ⑤	74 ④	75 ①
76 ④	77 ②	78 ⑥	79 ⑧
80 ⑤	81 ④	82 ②	83 學校
84 用意	85 出現	86 食飲	87 空間
88 勇氣	89 幸運	90 兄弟	91 山川
92 春秋	93 農業	94 植木日	95 名分
96 父子	97 老後	98 ④	99 ⑤
100 ①			

【제100회】 기출문제(98p~100p)

1 고대	2 병실	3 품절	4 강조
5 충당	6 소화	7 책임	8 친필
9 과로	10 동복	11 육아	12 형국
13 교우	14 명의	15 상관	16 약속
17 고별	18 사관	19 견문	20 착륙
21 설명	22 온도	23 재산	24 물정
25 졸업	26 개점	27 태반	28 전망
29 독특	30 근본	31 순번	32 신념
33 참석	34 다행	35 합숙	36 맺을 결
37 고을 주	38 반드시 필	39 이를 도	40 익힐 련
41 고을 선	42 재목 재	43 흥할 흥	44 지날 력
45 장사 상	46 마디 절	47 기를 양	48 해할 해
49 씻을 세	50 바탕 질	51 넓을 광	52 구름 운
53 밝을 랑	54 머리 수	55 비 우	56 무리 류
57 터 기	58 요긴할 요	59 昨	60 表
61 成	62 急	63 堂	64 会
65 図	66 発	67 ⑧	68 ⑥
69 ③	70 ②	71 ③	72 ⑦
73 ②	74 ⑤	75 ③	76 ④
77 ①	78 ②	79 ⑧	80 ③
81 ①	82 ⑥	83 心氣	84 方道
85 公共	86 身分	87 集計	88 現場
89 空間	90 童話	91 始動	92 風土
93 代理	94 登山	95 家庭	96 生前
97 對等	98 ⑧	99 ⑧	100 ⑩